THÜRINGEN
1949–1990

Martin Morgner

THÜRINGEN
1949–1990

Historische Reiseführer durch die DDR

mitteldeutscher verlag

Der Verlag und der Autor freuen sich über Ihre Hinweise:
info@mitteldeutscherverlag.de

Haftungsausschluss
Die Angaben in diesem Reiseführer wurden gewissenhaft überprüft.
Für die Aktualität, Korrektheit und Vollständigkeit übernimmt der Autor
keine Haftung. Der Autor distanziert sich aus rechtlichen Gründen von
allen Inhalten der aufgeführten Internetseiten. Auf aktuelle und zukünf-
tige Gestaltung, die Inhalte oder Urheberschaft der angeführten Internetseiten hat der Autor keinen Einfluss.

Redaktionsschluss: 27. April 2015

Umschlagfoto vorn: Das Zentrum von Suhl 1987 (© ullstein bild –
CHROMORANGE/CHROMORANGE)
Umschlagfotos hinten (von oben): Panoramamuseum Bad Frankenhau-
sen (http://commons.wikimedia.org, Foto: Vitold Muratov); Kirchen-
neubau „Justus Jonas" in Nordhausen (© Evangelische Kirche Salza-
Niedersalza); Affenhaus im Zoo Erfurt (© Thüringer Zoopark Erfurt, Foto:
Helma Trefz); Eingangsbereich der Gedenkstätte Amthordurchgang in
Gera (© Archiv Gedenkstätte Amthordurchgang)

Bibliografische Information der Deutschen Nationalbibliothek
Die Deutsche Nationalbibliothek registriert diese Publikation in der
Deutschen Nationalbibliografie; detaillierte bibliografische Daten im In-
ternet unter http://d-nb.de.

2015
© mdv Mitteldeutscher Verlag GmbH, Halle (Saale)
www.mitteldeutscherverlag.de

Gesamtherstellung: Mitteldeutscher Verlag, Halle (Saale)
Karte: Anneli Nau (www.nau-kartographik.de)

ISBN 978-3-95462-237-5

Printed in the EU

INHALT

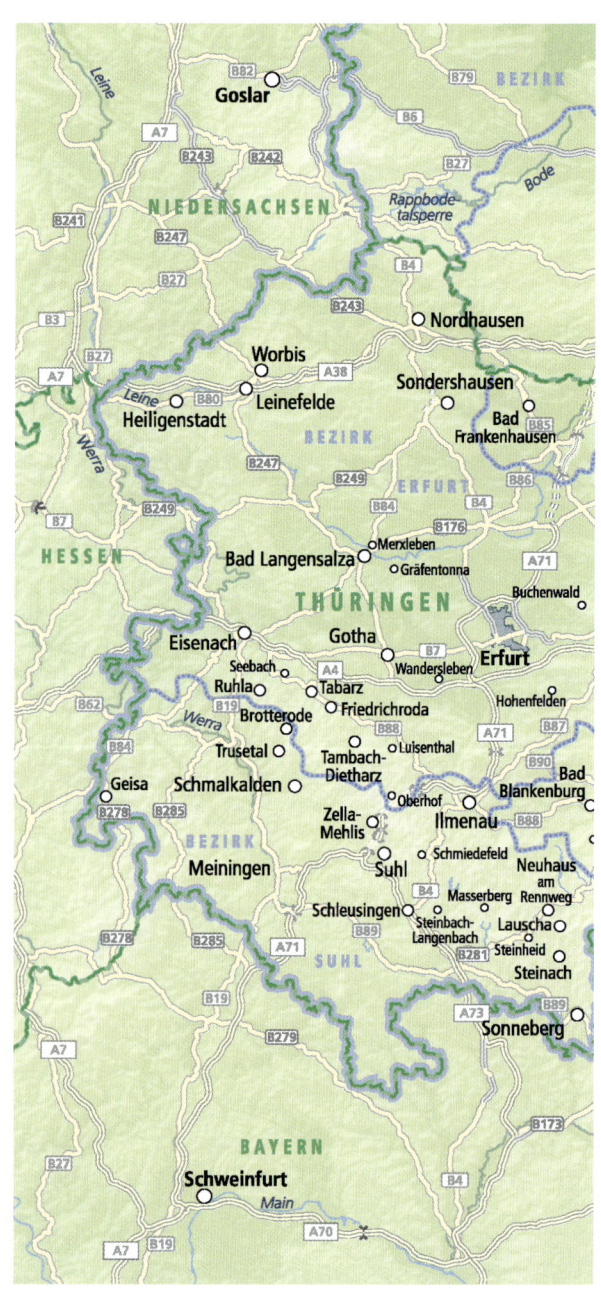

THÜRINGEN

Landesgrenzen
ehem Landesgrenze DDR
heutige Bundesländer-Grenzen
ehem. Bezirksgrenzen der DDR

25 km

MAGDEBURG

A14

Saale

B6

B6

BEZIRK

B242

HALLE

A9

B86

B80

Halle
(Saale)

B107

B87

LEIPZIG

A38

B6

B180

Unstrut

A14

SACHSEN

B176

BEZIRK

B87

B176

B2

Bad
Sulza

B85

B87

B88

LEIPZIG

Apolda

B2

B180

B176

Weimar

B7

Hermsdorf

B7

Jena

Gera

Ronneburg

B93

Bad Berka

BEZIRK

B92

Kauern

A4

GERA

Frießnitz

Weida

Saale

Niederpöllnitz

Berga (Elster)

B173

Rudolstadt

Zickra

B175

Schwarza

B281

Auma

Triebes

Greiz

A73

Unterwellenborn

Saalfeld

Zeulenroda

Braunsdorf

Hohenwarte

A9

B94

Talsperre
Hohenwarte

B85

B94

B169

Probstzella

Bleilochtalsperre

B282

BEZIRK

B2

KARL·MARX·STADT

Ebersdorf

B90

Hirschberg

B173

A73

B92

B173

TSCHECH.

B85

Main

REP.

B2

A93

A70

A9

Bayreuth

ZU BEGINN

Thüringen ist ein vergleichsweise kleines Land – auch wenn sein Gewicht in mancher Hinsicht größer ist, als es seine Flächenausdehnung und seine Bevölkerungszahl ausdrücken. Unsere Gegenwart hat zu einem Tempo geführt, das ein Durchjagen des Freistaats Thüringen mit PKW oder ICE-Zug in ein bis zwei Stunden ermöglicht, so dass die kulturellen Spuren der Jahrhunderte am Zeitgenossen nur so vorbeihuschen. Im Gedächtnis bleiben dann lediglich eine unterschiedlich begrünte Landschaft von Frühjahr bis Herbst oder schneeweiße Berge im Winter …

Thüringen, das grüne Herz Deutschlands – um es kennenzulernen, sollte man das gewohnte Reisetempo drosseln, aus dem „Mainstream" in die schmaleren und stilleren Flussarme der Zeit wechseln. Denn wer das Land zwischen Greiz und Heiligenstadt, zwischen Nordhausen und Sonneberg erkunden und in sich aufnehmen will, muss in die deutsche Geschichte einsteigen. Wesentlich für Thüringen erscheint die schier übermächtige Vergangenheit, die das noch nahe 20. Jahrhundert förmlich zu erdrücken droht: die Heilige Elisabeth in Eisenach, Martin Luther in Erfurt und auf der Wartburg, Johann Sebastian Bach in Eisenach, Arnstadt und Weimar, Johann Wolfgang von Goethe in Weimar und in Jena, dort auch Friedrich von Schiller … Was für eine Vergangenheit für ein eher kleines Land wie Thüringen!

Der vorliegende historische Reiseführer 1949–1990 sucht aber lediglich die Spuren, die vier Jahrzehnte einer „Deutschen Demokratischen Republik" hinterlassen haben, inmitten der noch immer oder erst jetzt wieder lieblichen Naturlandschaft oder architektonischer und anderer kultureller und künstlerischer Denkmäler. Diese Spuren finden sich breit verstreut in allen Teilen des heutigen Freistaats Thüringen, ob in Suhl oder Meiningen, in Leinefelde oder Oberhof, in Ilmenau oder Bad Frankenhausen. Das für die „sozialistische Gesellschaft" Typische unterschied sich nicht nach den Himmelsrichtungen – deshalb wurde dieser historische Reiseführer auch nicht nach geographischen Gesichtspunkten gegliedert. Das Übersichtswerk wurde primär in vier *gesellschaftsgeschichtliche* Bereiche eingeteilt:

- den essentiellen und innovativen Bereich von Politik, Wirtschaft und Wissenschaft;
- den direkt aus den dort getroffenen Entscheidungen resultierenden und für die Bevölkerung täglich erlebbaren Bereichen Soziales und Wohnen;
- den Bereich der ideellen Auseinandersetzung von Tradition und Moderne, z. B. des oft versteckten „Kulturkampfes" von Kirche und sozialistischer Kultur;
- den nicht-essentiellen Bereich von Urlaub und Sport, der für Thüringen aber auch lebenswichtige Bedeutung hatte und noch immer hat.

Innerhalb dieser vier großen Bereiche reihen sich die vorgestellten Ereignisse, betroffenen Orte und handelnden Personen aus der Zeitgeschichte der DDR locker nach *chronologischen* und manchmal *regionalen* Gesichtspunkten unter dem Aspekt, dass es auf vielen Ebenen enge Zusammenhänge gegeben hat in diesem kleinen Land, ein. Alle hier aufgeführten geschichtlichen Spuren von 1949 bis 1990 wurden *exemplarisch* ausgewählt, ohne jeden Anspruch auf Vollständigkeit. Wesentlicher und bescheidener Anspruch dieser Publikation ist es, die Reisenden in ein „grünes Land" zu führen und sie im besten Sinne des Wortes „aufzuhalten" – damit sie sich Zeit nehmen, vierzig Jahre jüngster Vergangenheit selbst zu erforschen und sich aus den Punkten, Linien und Skizzen dieses Büchleins selbst Bilder zu machen.

Die Geschichte der „Deutschen Demokratischen Republik" ist Geschichte, die „noch qualmt", wie der Historiker sagt. Den unterschiedlichen „Rauchzeichen" von verschiedenen Seiten, aus differenten erinnerungspolitischen Perspektiven, versuchte der Autor auf seiner Reise bewusst auszuweichen: Es ist erst ein Vierteljahrhundert vergangen, seit der realsozialistische SED-Staat untergegangen ist. Der propagandistisch benutzte Begriff „real" verhinderte nicht, dass die tägliche Realität für die Bewohner der drei thüringischen

Bezirke sehr unterschiedlich sein konnte – standardisierte Lebensmodelle waren zwar geplant, aber wie so viele Pläne in der DDR nicht verwirklicht. Deshalb sind die Erinnerungsspuren der vierzig Jahre in den Hirnen und Herzen der Menschen heute auch verschieden. Diesen Spuren werden die Reisenden, ob mit Fahrrad oder Auto, in Regionalzügen oder im Paddelboot, begegnen, leise oder lautstark, offen oder zurückhaltend, im landestypischen Dialekt oder in Hochdeutsch. Vielleicht werden diese Erinnerungsspuren für den Reisenden auch die wichtigeren sein, wesentlicher als die Spuren aus Stein, Holz oder Beton, die der Reiseführer in Texten und Fotos vorstellt. Eine Reise durch die jüngste Vergangenheit Thüringens bietet offenen und freien Geistern, ganz in der Tradition seiner Dichterheroen Goethe und Schiller, die Möglichkeit, aus der Geschichte zu lernen – für eine neue Zeit im geschichtsträchtigen Thüringer Land.

Der historische Reiseführer könnte zusätzlichen Sinn auch dadurch bekommen, dass sich der eine oder andere für das heutige Thüringen so begeistert, dass aus der Urlaubsreise eine lebenslange Liebe wird – und er oder sie sich hier im „grünen Herz" Deutschlands ansiedelt.

Für Übersiedler gibt es große Vorbilder: Goethe kam aus Frankfurt am Main, Schiller floh aus Schwaben ins Thüringische. Dass sie besonders wegen der leckeren Thüringer Bratwürste, der lockeren Klöße und des gut gebrauten Bieres gekommen waren, ist nicht überliefert. Rostbratwürste, Klöße und Bier jedenfalls scheinen alle Zeiten zu überstehen: Fürstentümer und Reiche, Diktaturen und Demokratien. Und jeder *digitale* Genuss dieser lukullischen Kostbarkeiten ist und bleibt unmöglich ...

US-Soldaten im KZ Buchenwald nach der Befreiung

POLITIK, WIRTSCHAFT UND WISSENSCHAFT

Anders als in der nur zwölfjährigen Existenz des deutschen NS-Staates entwickelten sich in der vierzigjährigen Geschichte der DDR bedeutende Veränderungen in Politik und Wirtschaft; dass sich davon kaum etwas gehalten hat, macht die Realität der „Fortschritte" (eines der ideologischen Codeworte der herrschenden Partei, der SED) nicht ungeschehen, sondern interessant. So wie sich der Vergleich mit dem NS-System immer wieder aufdrängt, so muss die Tatsache gegenwärtig bleiben, dass die nächsten Generationen in jeder Beziehung dessen Erben waren: Erben der materiellen Trümmer, Erben der Schäden in allen Lebensbereichen und besonders der Verletzungen und des Schmerzes der Überlebenden nach Krieg und Vernichtung.

1949 waren die Weichen für einen Neuanfang gestellt, die kommunistische SED hatte mit Unterstützung der Sowjetunion die Macht übernommen und damit auch ein System, das die Systemfehler des Stalinismus enthielt. Thüringen und seine Bewohner wurden mit der Gründung der DDR zu einem gesellschaftspolitischen Experimentierfeld, ohne dass die Mehrheit der Thüringer Bürger sich bewusst dafür entschieden hätte. Diese Konstellation prägte die Grundbedingungen und die politische und ökonomische Atmosphäre der vierzigjährigen DDR-Geschichte Thüringens.

Das Ergebnis waren ständig wirkende Widersprüche, die sich in Ereignissen, in der Sprache und in den Biographien widerspiegelten. So verwendete die Einheitspartei von Beginn an für die von ihr eingeführten und durchgesetzten Erneuerungen geradezu inflationär den Begriff „Revolution", und entwertete ihn damit. Alles und jeder, der *gegen* große oder kleine politische, ökonomische oder kulturelle Entscheidungen und Beschlüsse der ideologischen Machthaber auftrat, wurde nach dieser Schwarz-Weiß-Sicht als „konterrevolutionär" diffamiert und mit Mitteln bekämpft, für die in den vierzig Jahren eine eigene Dynamik eintrat. Am Ende des DDR-Staates schlug der abgenutzte Begriff auf die zurück, die ihn überstrapaziert hatten: Eine „Friedliche Revolution" beendete die Ära, die für die Genossen der SED als „Sozialistische Revolution" begonnen hatte. Gerade im Bereich von Politik und Wirtschaft lässt sich die Thüringer Geschichte von 1949 bis 1990 als widersprüchlicher Spannungsbogen und „Reisebericht" erzählen: Die neue Gesellschaft, der neue Staat musste überwiegend aufgebaut werden mit den alten Bewohnern, mit mutigen Antifaschisten ebenso wie mit ehemaligen Nazis, mit unpolitischen Mitläufern und talentierten Geistesgrößen, die sich noch versteckt und bedeckt hielten. In den folgenden Jahrzehnten blieb es neuen Generationen vorbehalten, in die geschaffenen Strukturen hineinzuwachsen und diese als ihre eigenen anzunehmen. Die vierzigjährige Geschichte zeigt auch, dass Biographien in Thüringen endeten, die schon im Kaiserreich begonnen hatten – und dass Biographien begannen, die aus den Bezirken Erfurt, Gera und Suhl hinausdrängten, weil ihnen die Systemgrenzen zu eng wurden.

Enteignungen und Übernahmen – die „Geographische Anstalt Justus Perthes" in Gotha

Nachdem in den Jahren unmittelbar nach dem Ende des Krieges 1945 die großen Konzerne und Industriebetriebe enteignet wurden, als das Gebiet zwischen Oder und Neiße auf der östlichen, Elbe, Harz und Werra auf der westlichen Seite noch als „Sowjetische Besatzungszone" bezeichnet wurde, gingen die politischen Machthaber nach Gründung ihres eigenen deutschen Teilstaates noch einen Schritt weiter. Nach 1949 wurden auch große und mittlere Unternehmen enteignet, die nicht zu den kriegswichtigen zählten,

Die Geographische Anstalt Justus Perthes in Gotha

deren Eigentümer sich nicht strafbar im völkerrechtlichen Sinne gemacht hatten. Das traf auch auf die traditionsreiche und für ganz Deutschland bedeutende „Geographische Anstalt Justus Perthes" in Gotha zu, deren Gründer und Leiter sich 1944 aus dem Berufsleben zurückgezogen hatte. Mit seiner Rückkehr in den Betrieb engagierte sich der Fachmann nun als Herausgeber und stellte seine Fähigkeiten als Meister der Kartographie dem neuen Staat zur Verfügung.

Aus dem zeitgeschichtlichen Abstand verblüfft die damals eher unauffällige Tatsache, dass in dem den veränderten politischen Verhältnissen angepassten Unternehmen auch ein deutlicher optischer Abdruck der neuen Zeit produziert wurde: Die Landkarten und Atlanten mit der neuen politischen Einteilung und Teilung Thüringens. Kaum war es seit 1947 auf den Karten als „Land Thüringen" erschienen, verschwand es als politische Einheit 1952 wieder und firmierte ungenannt unter den regionalen Verwaltungseinheiten Bezirk Erfurt, Bezirk Gera und Bezirk Suhl. Damit gelang es der von ehemaligen KPD-Führern geführten SED-Staatsmacht, alte Strukturen zu zerschlagen und neue einzurichten, die ihren Plänen und Visionen angemessen waren: Teile und herrsche, ein uraltes Prinzip.

In den folgenden vierzig Jahren wurde offiziell nur selten von „Thüringen" geschrieben und gesprochen – nur, wenn die Bewohner in den neu geschaffenen Bezirken an Traditionen und an ihre „Heimat" erinnert werden sollten, auch um die DDR-Bürger an ihren neuen Staat zu binden. Alle übrigen Bereiche des öffentlichen politischen Lebens wurden an die Bezirksebenen festgebunden und damit neue Identifikationen installiert, die in der Terminologie breiten Raum gewannen. Für diesen Reiseführer war es daher unumgänglich, auch die damaligen Bezeichnungen zur Grundlage der Bezeichnung mancher Reiseziele und Sehenswürdigkeiten zu machen: z. B. „Rat des Bezirkes Suhl", ebenso wie „VEB" für die in der DDR häufigste gesellschaftliche Eigentumsform in der Industrie, oder „LPG" für die übliche Produktionsform in der DDR-Landwirtschaft (vgl. Abkürzungsverzeichnis).

Hermann Otto Haack (1872–1966) – eine übergreifende Thüringer Biographie vom Kaiserreich, durch die Weimarer Republik und das „Dritte Reich" bis in die DDR

Man kann den Vater der modernen Kartographie mit Recht als Zeugen eines ganzen Jahrhunderts bezeichnen – und er ist ein waschechter Thüringer dazu. Geboren wurde der Sohn eines Postbeamten 1872 in dem Dorf Friedrichswerth bei Gotha, wo er auch das Gymnasium „Ernestinum" besuchte. Sein strikt verfolgter Berufsweg führte ihn zum Studium der Geographie und Geologie in Halle, Göttingen und Berlin, zur Promotion 1897. Von diesem Jahr an fungierte er als Kartograph bzw. Leiter der „Geographischen Anstalt Justus Perthes" in Gotha, 1920 wurde er habilitiert. Nachdem er sich 1944 aus dem Berufsleben zurückgezogen hatte, übernahm er nach dem Krieg die Herausgeberschaft mehrerer Verlagswerke, sogar die Zeitschrift „Sowjetwissenschaft" (1951). Hermann Haack, einer der großen Kartographen des 20. Jahrhunderts und Mitglied von internationalen geographischen Gesellschaften, erhielt 1952 die Ehrendoktorwürde der Universität Jena. Anlässlich seines 83. Geburtstages im Jahr 1955 wurde seine Wirkungsstätte in „VEB Hermann Haack, Geographisch-Kartographische Anstalt Gotha" umbenannt.

Während Haack als Beispiel für die erfolgreiche Integration eines bürgerlichen Unternehmers in die thüringische Nachkriegsära gelten kann, wurde ein Vorreiter des arbeiterfreundlichen Kapitalismus im Süden des Landes 1948

Hermann Otto Haack

endgültig aus dem von ihm geliebten Landstrich getrieben: Franz Itting aus Probstzella. Der „Rote Itting", wie der in den dreißiger Jahren mehrere Monate in das Thüringer KZ Bad Sulza gesperrte Vorstand eines erfolgreichen Familienunternehmens (Elektrizitätswerk) genannt wurde, war den führenden Kommunisten in der 1946 gegründeten Sozialistischen Einheitspartei (SED) nicht willkommen. Seit 1948 kümmerten sich der KPD-Mann Walter Ulbricht und der spätere Stasichef Erich Mielke persönlich um den sozialdemokratischen Kapitalisten: Trotz seiner ehemals antifaschistischen Haltung habe Itting nichts in ihrer Partei zu suchen. In mehreren Prozessen versuchten sie ihm wirtschaftliche Kollaboration mit den Nazis nachzuweisen, und der bereits über Siebzigjährige musste eine monatelange Untersuchungshaft in Gera verbüßen. Am Ende erreichten die „Volksrichter" des neu errichteten DDR-Staatsapparates ihr Ziel: gegen Recht und Gesetz und trotz internationaler Proteste wurde Ittings Lebenswerk, das E-Werk und das „Haus des Volkes" in Probstzella, entschädigungslos in Volkseigentum überführt – wie das Eigentum von tatsächlichen Kriegsverbrechern. 1945 und 1946 war Franz Itting als SPD-Genosse mehrfach in den Kreistag von Saalfeld gewählt worden. Sein Unternehmen hätte in Thüringen eine wichti-

Das „Haus des Volkes" in Probstzella

ge Rolle beim Aufbau des Sozialismus spielen können, aber die führenden Kommunisten hatten ein anderes Sozialismus-Modell vor Augen. Itting blieb schließlich keine andere Wahl, als wenige Kilometer hinter der innerdeutschen Grenze seine Lebensenergie in den Aufbau des westdeutschen Kapitalismus zu stecken.

Franz-Itting-Museum im Haus des Volkes Probstzella • Franz-Itting-Straße • 07330 Probstzella • Tel. 036735/73850 oder 46057 • hdv@probstzella.de • Mi.–Fr. 16–20 Uhr, Sa. 14–20 Uhr, So 11–20 Uhr, Gruppentermine können telefonisch vereinbart werden. **Ehem. „Haus des Volkes", jetzt Hotel/Gaststätte und zeitweilig Ausstellungsort: Bauhaus-Hotel Probstzella** • Bahnhofstraße 25 oder Franz-Itting-Straße • 07330 Probstzella • Tel.: 036735/46057 oder 73850 • www.probstzella.de

Für die frühe Phase der DDR galt sowohl in personell-biographischer wie auch in kultureller und architektonischer Hinsicht das noch Ungeordnete, nicht Festgelegte: Bis in die Mitte der fünfziger Jahre hatte sich das proletarische oder stalinistische Element der Gestaltung noch nicht durchgesetzt, hatten sich bürgerlich-liberale und christlich-humanistisch gesinnte Bewohner Thüringens nicht freiwillig dem Diktat der „führenden Partei der Arbeiterklasse" einfach untergeordnet. Die Versuche von kreativen und toleranten

Geistern verschiedener Couleur, sich in die Gestaltung der neuen Gesellschaft einzubringen, fanden ihren Ausdruck auch in architektonischen Zeugnissen, die mehr oder weniger gut gelangen und von denen manche auch aus damaliger Sicht eher als misslungene Versuche erschienen.

Hier ein Beispiel aus der kulturell tief traditionellen Heimatstadt des Kartographen Hermann Haack:

Internats- und Unterrichtsgebäude (Fachschule für Finanzen) in Gotha

Während die Stadt in der NS-Zeit u. a. durch moderne Industriebauten im Bauhaus-Stil aufgewertet wurde, hinterließ der Krieg der Nazis große Teile Gothas als Trümmerfeld. Die von Verwaltungs- und Versicherungsgebäuden geprägte Bahnhofstraße traf es schwer. Der auch an anderen Thüringer Orten tätige Architekt Gerhard Haubenreißer knüpfte Mitte der fünfziger Jahre mit seinem Entwurf an die wilhelminische Bautradition an. Mit seiner Fachschule für Finanzen zitierte er zwar die Nachbarschaft historistischer Bauten im Stil der Neorenaissance, aber nicht die z. T. untergegangene Moderne in der Stadt. Für Ästheten entstand da-

Das Gebäude der ehemaligen Fachschule für Finanzen

mit ein baulicher Schandfleck; ob das architektonische Zitat aus Kaisers Zeiten sozialistischen Vorstellungen des Bauens für das Volk entsprach, darf bezweifelt werden. Allerdings verschonte dieses Gebäude die Stadt Gotha vor den kritiklosen Kopien sowjetisch-stalinistischer Schnörkelbaukunst an dieser wichtigen städtischen Magistrale.

Thüringer Fachhochschule für Verwaltung • Bahnhofstraße 8 • 99867 Gotha • www.vfhs-thueringen.de

Neues Bauen der neuen „Herren": das Regierungshochhaus in Erfurt (1950/51)

Der Zusammenbruch des Naziregimes bescherte den Verfechtern eines territorial abgeschlossenen Landes Thüringen nach 1945 die lang ersehnte Vollendung ihrer Träume durch die Eingemeindung der größten Stadt des Territoriums: Erfurt. Die jahrhundertelang preußische Exklave sollte 1949 eine würdige Hauptstadt des einheitssozialistischen Neustaates Thüringen werden: drohte damit nicht eine neue Kleinstaaterei? Gerade Thüringen mit seiner kirchlichen Tradition zwischen Erfurter und Eichsfelder Katholizismus als auch lutherisch-reformatorischem Protestantismus? Zwischen den Traditionen der Sozialdemokratie in Eisenach und Gotha und den tragischen Verstrickungen von Nazi-Hochburgen wie Weimar und den KZ-Lagern von Buchenwald und Nordhausen?

Wie wollte sich der neue Staat und seine führenden Vertreter (die am Anfang der fünfziger Jahre nicht nur Kommunisten und Sozialisten waren, sondern auch Christdemokraten, Liberale und sogar Nationaldemokraten) nach außen, für das Volk, darstellen? Ein Architektenkollektiv unter Federführung von Egon Hartmann entwarf ein zehngeschossiges, rechtwinkliges Gebäude, das auf der südlichen Hügellage das ganze Zentrum überragt. Das „Regierungshochhaus" erscheint eckig und schmucklos, der Volksmund taufte es abfällig „Eierkiste", die Architekturkritik von heute bescheinigt dem Gebäude „serielle Ästhe-

Das frühere Regierungshochhaus in Erfurt

tik"; das ist kein Lob. Insgesamt wurde das Haus errichtet in der Periode der Einschwörung der DDR-Architektur auf nationale Traditionen, die aber nicht endgültig definiert wurden. Trotz der Scheinvision neuer Ästhetik lugt die allgegenwärtige Glätte, Schlichtheit und Einheit der fünfziger Jahre durch, die bisweilen eine billige Brücke von Moskau über Warschau bis ins Ruhrgebiet schlägt. Obwohl es das erste Hochhaus in Erfurt war, hielt sich der Stolz der SED-Genossen in Grenzen: sie lehnten es mehrheitlich als „formalistisch" und „kosmopolitisch" ab.

Verwaltungshochhaus Thüringer Landtag • Jürgen-Fuchs-Str. 1 • 99096 Erfurt

Als ob der Makel des Schlichten in die politische Wirklichkeit zurückgeschlagen hätte, wurde aus dem großspurigen „Regierungshochhaus" der roten Thüringer Möchtegern-Fürsten nichts: Das Gebäude erfüllte von 1952 bis 1990 lediglich die Funktion eines Verwaltungssitzes des „Rates des Bezirkes Erfurt", bis zum bitteren Ende der ehemals „neuen Zeit".

Wer aber waren die ersten Volksvertreter, die von der Höhe aus das kleine Volk der Thüringer regierten?

Werner Eggerath (1900–1977) – vom Arbeiter zum Ministerpräsidenten Thüringens

Der 1947 zum Ministerpräsidenten gewählte Werner Eggerath kann als ein Musterbeispiel für die personellen Veränderungen auf den höchsten Ebenen der Macht in Ostdeutschland nach dem Krieg gelten: Seiner Herkunft aus proletarischem Milieu im Ruhrgebiet folgten die Mitgliedschaft in der Gewerkschaft und in der KPD (1924), Tätigkeiten als schreibender Korrespondent und Parteisekretär (1932) in Wuppertal, antifaschistische Arbeit im Rhein-Ruhr-Gebiet, Verhaftung und 15 Jahre Zuchthaus. Nach 1945 siedelte sich der Westdeutsche in Thüringen an, wurde 1. Sekretär der Bezirksleitung Thüringen der KPD, ab 1946 Abgeordneter des Thüringer Landtags und Landesvorsitzender der SED. Danach begann für Eggerath die anstrengende Periode eines Multifunktionärs: neben der Hauptrolle als Ministerpräsident des Landes Thüringen (1947–1952) wurde er Mitglied des Deutschen Volksrates, nach Gründung der DDR 1949–1954 Abgeordneter

Werner Eggerath

der Volkskammer und Staatssekretär beim Ministerpräsidenten der DDR (1952–1954) usw. usf.

Danach schien Eggerath die höheren und ruhigeren Funktionärsweihen erreicht zu haben: Er stieg auf (oder ab?) zum Botschafter in Rumänien, wurde Mitglied des Friedensrats und dessen Präsident, der Liga für Völkerfreundschaft und 1957–1960 auch noch Staatssekretär für Kirchenfragen. Auf Biographie-Brüche in den unter der stalinistischen Führung Walter Ulbrichts turbulenten fünfziger Jahren der DDR finden sich bei Eggerath keine Hinweise. 1960 zieht sich der erste Ministerpräsident des ehemaligen Landes Thüringen aus gesundheitlichen Gründen aus der Politik zurück und wird, durchaus erstaunlich, freischaffender Schriftsteller in Berlin. Seine ersten „Erinnerungen" erschienen bereits 1947 und 1952; später holt ihn die Funktionärs-Sucht wieder ein – Eggerath wird Parteisekretär im Bezirksverband Berlin des DSV. Auch die Ehrungen bleiben nicht aus und scheinen seinem makellosen DDR-Lebenslauf angemessen: 1965 Vaterländischer Verdienstorden in Gold, 1966 Wahl zum Ehrensenator an der Universität Jena. Eine erstaunliche Biographie in einer bewegten Zeit: Zeugte sie von hoher Parteitreue oder von zeitgemäßem Opportunismus?

Ernst Großmann (1911–1997): Vorsitzender der ersten LPG in der DDR und zeitweiliges Mitglied des ZK der SED

Wenn es nicht historische Wahrheit wäre, würde man es für eine unglaubwürdig erfundene Story halten: Den irrwitzigen, parabolischen Lebenslauf des Ernst Großmann (nomen est omen!). Nur Zeiten von radikalem Machtwechsel (aber war der Machtwechsel vom großdeutschen National-Sozialismus zum kleindeutschen Real-Sozialismus tatsächlich radikal?) ermöglichen gebrochene Biographien solcher „Figuren" wie Ernst Großmann eine war – oder produzieren sie geradezu. Im Vergleich zu nachträglichen Coming-outs bekannter Persönlichkeiten der letzten Jahre und Jahrzehnte verhielt sich Großmann geradezu unverschämt: Ihn

Ernst Großmann

schien seine Vergangenheit nicht „zu jucken", er ließ sich nur treiben von seinem Ehrgeiz – und von seinen Talenten, seinen individuellen Möglichkeiten. Insofern stand er dem Ministerpräsidenten Thüringens gar nicht nach, und auch gar nicht so fern: auch er konnte im neuen Thüringer Staat Karriere machen. Er war ein fleißiger, strebsamer deutscher Mann aus Böhmen, aus der Landwirtschaft stammend, ein Molkereigehilfe: Die DDR wollte doch der Staat der Arbeiter und Bauern sein, da gehörte er doch dazu! Also ließ er kurzerhand seine vorherige Laufbahn im NS-Staat aus seinem „Lebenslauf" weg und konzentrierte sich auf die „neue Zeit": 1945 siedelte die Familie in die SBZ um, Großmann trat 1945/46 in die SPD/SED ein und wurde Neubauer im Dorf Merxleben im Kreis Bad Langensalza. Nach ersten Funktionen in der VdgB beteiligte sich Großmann an einer Liefergemeinschaft der Neubauern, im Juni 1952 an der Gründung der ersten LPG in der DDR, deren Vorsitz er übernahm. Das Statut dieser „Landwirtschaftlichen Produktionsgenossenschaft" diente danach als Grundlage für das Musterstatut der LPG Typ II. Dass diese erste DDR-Kolchose (denn die kollektive Produktionsweise der sowjetischen Landwirtschaft galt als Muster für den Fortschritt, für die sozialistische Revolution auf dem Lande) den Namen „Walter Ulbricht" führte, war dem Genossen Großmann gewiss auch förderlich. Nun stieg er rasend auf in führende Gefilde: 1952 Kandidat des ZK der SED, 1954–1959 Mitglied des ZK der SED, zweijähriges Studium an der LPG-Hochschule Meißen mit Abschluss als Diplom-Agronom; in Thüringen agierte der Wahl-Thüringer von 1958 bis 1963 als Abgeordneter des Erfurter Bezirkstages – das sagt vieles über diesen „Bezirkstag" und seine SED-Fraktion aus.

Dennoch wurde der leuchtende Funktionär von den Schatten seiner Vergangenheit eingeholt: 1938 war er ins Sudetendeutsche Freikorps eingetreten, auch in die NSDAP, sogar in die SS, und hatte dort militärische Karriere gemacht, die 1944 in die 5. SS-Totenkopf-Standarte führte, zum Dienstgrad SS-Unterscharführer und zum Dienst im KZ Sachsenhausen. Der Mann hatte gelernt, sich den Verhältnissen anzupassen – und die SED brauchte solche Leute zum Aufbau ihrer neuen, „fortschrittlichen" Gesellschaft. Nach dem Bekanntwerden seiner NS-Vergangenheit (dafür sorgte der Untersuchungsausschuss Freiheitlicher Juristen in Westberlin – also der „Klassenfeind") erhielt der doppelte Sozialist von seinen Genossen im Juni 1959 eine „Strenge Rüge" und wurde aus dem ZK der SED wegen „falscher Angaben über seine Vergangenheit" ausgeschlossen. Danach lebte er „glücklich und zufrieden bis an sein Ende" in Thüringen – ein beredtes Beispiel für Ulbrichts stalinistische Personalpolitik und seinen selbstbezogenen Personenkult. Während er seine ideologischen und politischen Gegner durch Prozesse und Strafen ausschaltete, ließ er sich als Namenspatron von Sportstadien und Industriebetrieben von Speichelleckern gern feiern. Ein tüchtiger und schlauer Bauer wie Ernst Großmann profitierte von dieser diktatorischen Machtpolitik während der Periode des allmächtigen Politbüro-Chefs Ulbricht – bis der Schwindel aufflog und er nicht mehr zu halten war. Für den Fortschritt in der Landwirtschaft der DDR hatte er seine optimale Leistung gebracht: konnte man das als „Schuldigkeit" abbuchen?

„Revolution" auf dem flachen und bergigen Lande

Auch für das landschaftlich und landwirtschaftlich traditionell kleinteilige „grüne Herz" Deutschlands hatten die

Kommunisten der SED von Beginn an eine großangelegte Umgestaltung der agrarischen Verhältnisse zum Ziel. Abhängig vom Stand der allgemeinen Lage bezüglich ihrer politischen Durchsetzungsmöglichkeiten nach 1945 trieben die Machthaber die Veränderungen in drei Phasen voran: mit der Bodenreform 1945/46, der Zwangskollektivierung der (klein-)bäuerlichen Landwirtschaft 1952–1960 und schließlich durch die Bildung landwirtschaftlicher Großbetriebe mit industriemäßig betriebener Pflanzen- und Tierproduktion von Ende der sechziger bis Ende der siebziger Jahre. Das mittelfristige Ziel der ideologisch und machtpolitisch (Arbeiter-und-*Bauern*-Macht) ausgerichteten Agrarpolitik der SED blieb der „Aufbau des Sozialismus auf dem Lande mithilfe der Vergesellschaftung der Produktionsmittel".

Unmittelbar nach 1945 verlangte die Nachkriegssituation allerdings besondere Maßnahmen, um die Versorgung der Bevölkerung mit Lebensmitteln sicherzustellen. Innenpolitisch gelang es der KPD und später der SED, auch die bürgerlichen Parteien LDPD und CDU auf ihre Seite zu ziehen und mit deren Führern die Bodenreform in Mitteldeutschland durchzusetzen. Dass dieser „Fortschritt" nicht einfach ein Rückschritt in das Privateigentum von (zumeist armseligen) Einzelbauern war, sondern ein „agrarpolitischer Umweg", wurde den unmittelbar Beteiligten erst Ende der 1940er Jahre deutlich. Die alles entscheidende Wende brachte auch für die Bauern die 2. Parteikonferenz der SED im Juli 1952, auf der „der planmäßige Aufbau des Sozialismus in der DDR" verkündet wurde. Dieser für den ostdeutschen Staat grundlegenden Entscheidung folgte am 24.7.1952 ein Beschluss des Ministerrates der DDR über Maßnahmen zur Förderung der LPG – der politische Beschluss zur Kollektivierung der Landwirtschaft. Die LPGs wurden wirtschaftlich gezielt gefördert, wurden finanziell und steuerlich bevorzugt, erhielten kostenlose zootechnische und agronomische Beratung, wurden mit Qualitätssaatgut und Mineraldünger beliefert und erhielten vorteilhafte Kredite – kurz, ihnen wurde in der Konkurrenz mit den Großbauern von den „Führern der Arbeiterklasse" gezielt Vorsprung eingeräumt. Was waren die eigentlichen gesellschaftspolitischen Absichten und „Visionen" solcher Politik?

Zum Ersten sollte die landwirtschaftliche Produktion intensiviert werden, zum Zweck der besseren Versorgung der Bevölkerung.

Zum Zweiten sollten wesentliche Unterschiede zwischen Stadt und Land durch die Annäherung der Arbeits- und Lebensbedingungen überwunden werden.

Zum Dritten sollte ein enges Bündnis zwischen Arbeiter und Bauern aufgebaut werden.

Alle Ziele sollten durch die „führende Rolle der Partei" erreicht werden, was wiederum die Alleinherrschaft der SED stabilisieren sollte. Aus der Perspektive dieser umstürzlerischen Pläne während der 1950er Jahre darf man die Veränderungen auf dem Lande als „Revolution" bezeichnen – dabei aber nicht vergessen, dass es neben den siegreichen Parteigenossen auch eine große Anzahl von Verlierern in den Klassenkämpfen auf dem Lande gab.

Probleme bei der Rettung und dem Wiederaufbau der Thüringer Industrie in den 1950er Jahren

Wichtigstes Industriegebiet des Landes Thüringen ist der Thüringer Wald selbst mit seinen randlagigen Mittel- und Kleinstädten wie z. B. Eisenach, Suhl und Ruhla. Seit Jahrhunderten typisch waren die metall- und glasverarbeitenden Betriebe, zumeist auf hohem technischem Niveau und mit innovativen Entwicklungen. In Eisenach wurde der ehemalige BMW-Konzern enteignet und in Volkseigentum überführt: Unter dem Namen VEB Automobilwerk Eisenach (AWE) stieg in den vierzig Jahren DDR-Existenz die PKW-Produktion bedeutend an.

Fahrzeug- und Technikmuseum „automobile welt eisenach" • Friedrich-Naumann-Straße 10 • 99817 Eisenach • Tel.: 03691/77212 • www.awe.eisenachonline.de • Di.–So. 11–17 Uhr, Gruppenführungen nach telefonischer Voranmeldung.

Haupttor des Automobilwerks Eisenach

Wirkliche *Neubauten* von Industrieanlagen gab es auf dem Gebiet des Landes Thüringen bis 1952 kaum: Der von Trümmern, Demontagen und Reparationen an die UdSSR gebeutelte Staat setzte vorrangig auf die Entwicklung der Grundlagenindustrie. Die Anstrengungen fanden aber großenteils in der östlichen DDR statt, in der Nähe der Oder-Neiße-Grenze. Im südlichen Grenzland zu Bayern nahe Saalfeld/Rudolstadt knüpften die Planungen der SED-Wirtschaftsführer mit gutem Grund an die traditionellen „Schätze" der Region an – besonders an die hoch ausgebildete Arbeiterschaft und die ausgezeichnete Infrastruktur (Eisenbahnanschlüsse und Nähe zu Autobahnen). Neben der traditionell angesiedelten Stahlindustrie (Maxhütte Unterwellenborn) wurde 1951–1953 aus der ehemaligen „Thüringer Zellwolle AG" in Rudolstadt-Schwarza der Stammbetrieb des CFK (Chemiefaserkombinat) „Wilhelm Pieck" zielgerichtet entwickelt und ausgeweitet. Dazu entstanden nach Planungen des Entwurfsbüros für Industriebau Jena mehrere bemerkenswerte Neubauten, die als strenge Variante der „nationalen Architektur" in der DDR der 1950er Jahre gelten können. Der „Bau 408", das Hochhaus für Polymerisation, ist noch immer an der Trasse zwischen Saalfeld und Rudolstadt weithin sichtbar.

Industriepark Schwarza, ehemals „Bau 408", jetzt Thüringisches Institut für Textil- und Kunststoff-Forschung e.V. (TITK) • Breitscheidstraße 97 • 07407 Rudolstadt • www.titk.de

Ungeplantes innenpolitisches Interludium

Hervorgerufen durch wirtschaftliche und soziale Fehlentscheidungen der SED-Führung nach ihrem großen Beschluss zum Aufbau des Sozialismus in der DDR 1952, aber auch auf dem bedrohlichen Boden der offenen Grenzen zu der inzwischen gegründeten Bundesrepublik Deutschland und der von dort ausgehenden materiellen und ideellen Verlockungen, sowie der daraus folgenden permanenten Abwanderung zehntausender Bewohner aus dem erträumten „sozialistischen Paradies", kam es im Juni 1953 in vielen Städten der DDR zum „Arbeiteraufstand". Ob man diese Ereignisse um den 17. Juni zeitgeschichtlich nun als „Volksaufstand in der Ostzone" (im Westen) oder als „konterrevolutionären faschistischen Putsch" (im Osten) bezeichnet hat: es lag in der

Während des Juni-Aufstandes in Gera

Am 17. Juni 1953
standen in Jena 20.000 Menschen
für die Veränderung ihrer Gesellschaft auf.

Der Aufstand wurde niedergeschlagen.

Alfred Diener (26 Jahre)
wurde als angeblicher Rädelsführer
standrechtlich erschossen.

Gedenktafel für die Teilnehmer am Aufstand in Jena

Natur der Sache, dass die Rebellion von mehreren hundert-
tausend Bürgern in ihrem diktatorischen Staat *dort* keine
sichtbaren öffentlichen Spuren hinterließ. Im Gegenteil: Aus
den Köpfen der Beteiligten wurde die Niederlage gegen eine
Übermacht aus Spitzeln, sowjetischen Panzern und der gna-
denlosen stalinistischen „Klassenjustiz" verdrängt – bis zur
letzten „Revolution" im „Arbeiter-und-Bauern-Staat", die
1989 dann friedlich verlief: *ohne* ratternde Panzer der Sow-
jetarmee und *trotz* zehntausender Spitzel. Erst nach dem
Zusammenbruch des SED-Systems konnte dieser Ereignisse
öffentlich gedacht werden, in zeitgeschichtlichen Analysen
und Dokumentationen, in Biographien und Autobiographi-
en damals Beteiligter oder daran Interessierter.

Für diesen Historischen Reiseführer sollte aber festgehal-
ten werden, dass die Führungsriege des DDR-Staates nach
dem Überstehen des Aufstands 1953 Entscheidungen traf,
die der Entwicklung ihres erträumten Sozialismus dienten,
die für die Zukunft des 17-Millionen-Volkes wesentlich wurden. Nach der Rücknahme der kontraproduktiven Entscheidungen der DDR-Regierung ab Juli 1953 wurde auch in den
drei Thüringer Bezirken der Aufbau des Sozialismus fortgesetzt – beinahe so, als ob nichts gewesen wäre.

Bildungsoffensive in den fünfziger Jahren

Es gehörte von Anfang an zu den Schwerpunkten der SED-
und Staatspolitik, die Jugend für sich zu gewinnen und ihr
eine umfassende Allgemeinbildung zu ermöglichen. Schon
in den Vorstudienanstalten und den „Arbeiter-und-Bauern-
Fakultäten" (u. a. in Jena) der 1940er Jahre bemühten sich
die Bildungspolitiker in Thüringen darum, das „bürgerliche
Bildungsprivileg" zu brechen, und vor allem den Kindern
von Arbeitern und Bauern den Zugang zu höheren Bil-
dungswegen zu ermöglichen. Selbstverständlich sollte das
Alte, nach Lesart der SED stets „Faschistische", aus den
Köpfen verdrängt oder ganz beseitigt werden. Für das neue
Bildungsideal nahm man wiederum ideologische Anleihen
in der Sowjetunion auf, während man das nationale Erbe
der Reformer an den Rand drängte. Dennoch gab es große
„Fortschritte" im Bildungssystem der DDR, besonders was
die naturwissenschaftliche Richtung betraf, die sowohl auf
der geistigen Linie des „Marxismus-Leninismus" verortet
war, wie auch den erhofften wirtschaftlichen, später wissenschaftlich-technischen Visionen entsprach. Aus dieser
Strategie heraus wurden gerade im hochindustrialisierten
Thüringen neue Fachschulen und Hochschulen gegründet

Haus C der Fachhochschule Schmalkalden

Die ehemalige Ingenieurschule für Straßenbau in Schleusingen, ab 1963 Bezirksparteischule (Suhl)

und baulich aus dem Boden gestampft, die das Bild einer modernen Industriegesellschaft gegen das traditionelle Gemälde einer mittelalterlich-sakralen, wenn auch aufgeklärten Kulturlandschaft verstärkten.

Inmitten des Thüringer Waldes, eng verbunden mit der lokal tradierten Metallindustrie (das spätere Werkzeugmaschinenkombinat), wurde 1951–1957 nach Entwürfen von Walter Michel die Ingenieurschule für Maschinenbau Schmalkalden gebaut. Die Neubauten erweiterten den von 1902 stammenden Altbau im klassischen Baustil der 1950er Jahre um Klassenräume, Büros, Konstruktionssaal, Bibliothek und, schon von Beginn an, mit einem „Studentenklub". In den siebziger Jahren ergänzte eine moderne Mensa einen „Campus" am Rande der Republik, der alle nötigen baulichen und kulturellen Voraussetzungen für das Studium einer künftigen technischen Elite bot.

FH Schmalkalden, Hochschule für angewandte Wissenschaften • Blechhammer 9 • 98574 Schmalkalden • www.fh-schmalkalden.de

Wie sehr die „führende Partei" das Baugeschehen um die von ihr aktivierte Bildungsoffensive bestimmte, zeigt die Geschichte der ehemaligen Ingenieurschule für Straßenbau in Schleusingen, nahe der Bezirksstadt Suhl. In einem langwierigen Prozess von Abriss und Erweiterungsbau unter Mithilfe der Studenten 1957 fertiggestellt, übernahm die SED den Gebäudekomplex 1963 und nutzte die praktische, ansehnliche Anlage als Bezirksparteischule. Ironisch könnte geschlussfolgert werden: Ingenieure für Straßenbau wurden während der vierzigjährigen DDR-Existenz ohnehin nur für das Verfüllen der den Realsozialismus dauerhaft und zu tausenden begleitenden Schlaglöcher gebraucht …

Stiftung Reha-Zentrum Thüringer Wald • Themarer Straße 1 • 98553 Schleusingen • www.reha-schleusingen.de

Hochschulbauten in der Landeshauptstadt Erfurt, die 1952 zur Bezirksstadt wurde

Nachdem die Tradition einer Universität im preußischen Erfurt über die Jahrhunderte hinweg problematisch war, setzten die Landespolitiker kurz vor dem Ende ihres Landes 1952 mit dem Spatenstich eine neue akademische Ära am südlichen Rand der Erfurter Innenstadt in Gang: Das erste Lehrgebäude der neu gegründeten Pädagogischen Hochschule wurde bis 1954 hochgezogen. Mit weiteren zwei- bis dreigeschossigen Wohnheimbauten entwickelte sich ab 1956 ein städtebaulich autarkes Hochschulviertel, zu dem auch die 1956–57 gebaute Mensa gehört. Architektonisch deutlich werden bei allen Bauten die Formen der Ära der „Nationalen Tradition": Symmetrie, Kolonnaden, Dreieckgiebel und klare Baukörper mit Walmdach. Das repräsentative Auditorium maximum (das fatale Ähnlichkeit mit NS-Kasernen-Stil aufweist) wurde von 1956 bis 1961 errichtet – baukünstlerisch geschmückt von einer Giebelplastik und Mosaiken im Foyer. Unter dem Namen „Pädagogische Hochschule" wurde der immer mehr zum Campus entwickelte Gesamtkomplex mit deutlich veränderten architektonischen Formen aus Beton und Glas sowie dem Bau eines Studentenhochhauses (1963) zum Muster-Areal einer DDR-Hochschule. Dabei fällt besonders die Weite und

„Freiheit" des Ensembles positiv ins Auge des Betrachters, die zur innerstädtischen Enge Erfurts (und anderer Thüringer Städte) im Kontrast stehen. – In unmittelbarer Nähe der PH Erfurt errichtete man ebenfalls zwischen 1956 und 1958 ein von HNO- und Augenklinik gemeinsam genutztes Gebäude für die benachbarte Medizinische Akademie Erfurt.

Universität Erfurt • Nordhäuser Straße 63 • 99089 Erfurt • www.uni-erfurt.de • Informationen zur Baugeschichte und zu Kunstwerken: www.uni-erfurt.de/uni/portraet/geschichte/campus-baugeschichte • www.uni-erfurt.de/uni/portraet/geschichte/campus-kunstwerke

Aber nicht nur die Bezirkshauptstadt Erfurt wurde von der „Arbeiter-und-Bauern-Macht" gefördert: viel deutlicher noch wurde der beginnende wirtschaftliche und wissenschaftliche Aufschwung bei den kleinen Städten in der Thüringer Provinz. Dabei kann man es als typisch bezeichnen, dass die regionalen Planer an die eher marginalen Traditionen anknüpften, die das 19. und 20. Jahrhundert hinterließen, ja dass man Gebäude und Kader übernahm, die schon vor der „revolutionären" NS-Diktatur Aufbrüche des modernen wissenschaftlich-technischen Zeitalters belegten.

Eine Musterhochschule des DDR-Sozialismus: TH Ilmenau

In der südthüringischen Kleinstadt am nördlichen Rand des Thüringer Waldes (29.000 Einw.) hatte man schon 1895 ein Technikum im Stil der Neorenaissance erbaut, das zur Urzelle der heutigen Universität wurde. In der Weimarer Republik kam der „Faraday-Bau" hinzu, noch in der Stadt selbst, die für die künftige großangelegte Erweiterung zu eng wurde. Initiierend für die 1953 erfolgte Gründung der Hochschule für Elektrotechnik war die DDR-Regierungsverordnung vom 22.2.1951, die der Bildung und dem Hochschulwesen beim „Aufbau des Sozialismus" eine entscheidende

Das Technikum der Universität Ilmenau

Rolle zuwies. Ilmenau konnte als enge Kleinstadt ein neues Campus-Gelände nur auf den Hügeln am Rande aufbauen: So entstand von 1956 bis 1958 der „Helmholtzbau" inklusive eines großen Hörsaals inmitten eines Ensembles dreigeschossiger Institutsgebäude. Architektonisch lehnte man sich an traditionelle Bauformen mit Risaliten, Pfeilervorbauten und Natursteindetails an (die Entwürfe stammten von Ziegler und Fricke). Alles atmete den Aufbruch in eine

Der Helmholtzbau auf dem neuen Campus-Gelände

„neue Zeit" mit „neuen Menschen", die die sozialistische Zukunft naturwissenschaftlich-technisch gestalten werden.

Helmholtzbau • Helmholtzring 2 sowie Mensa • Max-Planck-Ring 1 • 98693 Ilmenau • www.tu-ilmenau.de

Die feierliche Aufbruchsstimmung der fünfziger Jahre wurde schon ein reichliches Jahrzehnt später von einem pragmatischeren, moderneren Baustil abgelöst. Von 1969 bis 1972 entwarfen Architekten der jüngeren Generation (Göpfert und Zimmermann) in Stahlskelettbauweise für die 1963 in „Technische Hochschule" umbenannte und aufgewertete Einrichtung eine neue Mensa. Damit entstand der Grundtyp eines modernen Zweckbaus „hinter den Bergen" im Südzipfel der Republik, der an fünf weiteren Orten nachgebaut wurde (u. a. in Halle und Dresden). Hier soll auch ein Blick in die (damalige) Zukunft und in die (heutige) Gegenwart gestattet sein, weil er angebracht scheint: Was im beginnenden technischen Zeitalter 1895 angelegt wurde, sich in der Weimarer Republik moderat entwickelte, während der „DDR-Zeit" vervielfacht wurde, mündete nach „Wende" und Wiedervereinigung Deutschlands in den breiten Strom gesamtdeutscher Wissenschaftspolitik und heißt nun: Technische Universität Ilmenau, Campus Ehrenberg.

Freilich blieben die wissenschaftlichen Leistungen und Forscherbiographien Ilmenaus hinter den großen nationalen und internationalen Universitäten und Akademien zurück, trotz aller Mühen. In der Hochschul-Provinz ging und geht es vor allem um die Ausbildung des akademischen und des technisch-wirtschaftlichen Nachwuchses. Dennoch erwarb sich die Hochschule für das kleine Städtchen (in dem auch J. W. von Goethe als Weimarer Minister und Wirtschaftsmanager am Wechsel vom 18. zum 19. Jahrhundert „zugange war") einen bestimmten Ruf in der universitären Landschaft des jungen Staates: Die einen nannten sie besonders „rot" (weil sie aufstiegsbewusste Nachwuchskader mit Parteibuch anlockte); die anderen empfanden die Atmosphäre am Rande der Republik, in der Nähe des Westens, eher als besonders „gemütlich". Die Nähe des Thüringer Waldes (der Berg

Kickelhahn, „Über allen Gipfeln ist Ruh ...", war nur einen Katzensprung entfernt, für feierlustige Seminargruppen ein reizvoller Abendausflug) und das preiswerte Alltagsleben im Studentenwohnheim mit einem Stipendium, das in einer unspektakulären Kleinstadt allemal ausreichte. Es ist nicht verwunderlich, dass die Generation, die in den fünfziger bis siebziger Jahren in Städten wie Ilmenau studierte und „sozialisiert wurde", dem neuen Staat positiv gegenüberstand: Wenn man, wie üblich, und wie die übergroße Mehrheit, FDJ-Mitglied war und später „in die Partei" eintrat, dann stand dem Einzelnen eine angenehme Zukunft bevor. Später allerdings stellte eben diese „Partei" neue Hürden auf, und die Ansprüche der nächsten Generationen änderten sich auch.

Eine akademische Karriere in Thüringen: Prof. Dr. Dr. Dagmar Hülsenberg, Ilmenau

Es unterstreicht die geistige und politische Atmosphäre an der neuen, sozialistischen Muster-Hochschule, dass es eine  Frau war, die eine Vorzeige-Karriere als Wissenschaftlerin und Wirtschaftsexpertin hinlegte – ganz und gar als Kind Thüringens (* 1940 in Sonneberg) und zur ersten in der DDR aufgewachsenen Generation gehörend. Ihr standen alle Wege offen, und die Jugendliche ging ihren Weg, der sich unterwegs verzweigte und dann doch wieder in eine klare Richtung führte. Getroffen vom Elend der späten Kriegsgeneration (der Vater war 1943 gefallen), lernte sie nach dem Abitur Facharbeiterin für technische Keramik (was in Südthüringen naheliegend war), nahm 1960 ein Studium der Silikathüttenkunde an der Bergakademie Freiberg auf, promovierte dann parallel (was in der DDR einem Wunder gleichkam) zum Dr. rer. oec. (1969) und Dr.-Ing. (1970) – ein seltenes Doppel-Talent. Nach diesem Parforce-Ritt durch die Hochschullandschaft wollten Staat und Partei allerdings auch die Kosten für die gewährte Bildungsinvestition mit engagierter Tätigkeit vergolten haben; Dagmar Hülsenberg wurde ins damalige Ministerium für Leichtindustrie und

Dagmar Hülsenberg

später ins Ministerium für Glas- und Keramikindustrie berufen, um den „Plan für Wissenschaft und Technik" zu erstellen. Der Karrieretitel lautete dann „Leiterin der Abteilung Wissenschaft im Ministerium für Glas- und Keramikindustrie"; aber zufrieden war die Forscherin damit nicht. Sie nahm Mitte der 1970er Jahre, als Ilmenau zum Zentrum der Glas- und Keramikindustrie ausgebaut wurde, den Ruf an die TH Ilmenau an. Dort wurde 1975 ein Lehrstuhl eingerichtet, der ihrem Fachgebiet und ihren Vorstellungen entsprach. 1975 wurde Dagmar Hülsenberg mit 34 Jahren die damals jüngste Professorin der DDR. Sie blieb bis 2007 an der TH tätig, mit den ihr wichtigen Grundprinzipien: Aus ihren Erfahrungen an der Bergakademie in Freiberg favorisierte sie die enge Verbindung von Theorie und Praxis sowie praxisbezogener Ausbildung. In den 1980er und auch in den neunziger Jahren taten sich für die erfolgreiche Wissenschaftlerin nationale und internationale Tore des Wissenschaftsbetriebs auf: 1986 Berufung als Ordentliches Mitglied der Sächsischen Akademie der Wissenschaften zu Leipzig, 1987–1992 Präsidentin (!) der Kammer der Technik, seit 1992 Mitglied der Deutschen Keramischen Gesellschaft, seit 1992 Mitglied der Deutschen Glastechnischen Gesellschaft (u. a. m.).

Würde die Deutsche Demokratische Republik jetzt noch existieren, könnten ihre Funktionäre auf solch eine berufliche Laufbahn verweisen, darauf, dass die Bildungspolitik der „Partei der Arbeiterklasse" allen Landeskindern alle Möglichkeiten bot. Für diese exemplarische Biographie einer Thüringerin aus einfachen Verhältnissen träfe solch ein ideologisch-propagandistisches Eigenlob zweifellos zu – es hat dem Land und dem Staat genützt, was Frau Prof. Hülsenberg gelernt, gelehrt und geleistet hat.

Hauptort des Geistes und der Innovation: Friedrich-Schiller-Universität Jena

Während sich Ilmenau aus dem Tal der Bedeutungslosigkeit mithilfe der SED-Bildungspolitik herausarbeiten konnte, versuchte die traditionsreiche (mehr als 400 Jahre alte) Alma Mater Jenensis ihren Ruf aufzupolieren: Schließlich galt sie als „braune Muster-Universität", war eng verbandelt mit den Nazis und deren Rassenwahn. Vielleicht aus diesem Grunde war die „Friedrich-Schiller-Universität" (wie sie seit 1934 hieß) die erste Hohe Schule in der SBZ, die den Lehrbetrieb wieder aufnahm. In den ersten Jahren tobten politische und ideologische Grabenkämpfe, dünkelhaft und bürgerlich ging es noch zu, die flugs eröffnete Arbeiter-und-Bauern-Fakultät konnte das proletarische Element nicht kampflos durchdrücken; ebenso hatten Liberale und Christdemokraten noch einige Jahre das Sagen und traten eingeschleusten SED-Leuten auf die eifrigen Füße. Doch Ende der vierziger Jahre war die Machtfrage weitgehend zu Gunsten der Kommunisten entschieden: Nun mussten sie das universitäre Leben auch effektiv machen nach ihren sozialistischen wissenschaftspolitischen Plänen. In der alltäglichen Praxis bedeutete dies: Obligatorischer Russisch-Unterricht und Indoktrination mit der „siegreichen Lehre des Marxismus-Leninismus". Dass alle großen Entscheidungen in enger Absprache mit den Vertretern der „Freunde", den Genossen aus der UdSSR, getroffen wurden, verstand sich von selbst.

Dennoch blieb die Jenaer Hohe Schule eine der sechs traditionellen „Voll-Universitäten" auf dem Gebiet der DDR – und das bedeutete auch, dass es eine Philosophische und sogar eine Theologische Fakultät gab (bis zu deren Umwandlung in „Sektionen" nach 1968). Aber auch die ausgezeichnete Infrastruktur im Saaletal, in engster Nachbarschaft zu den drei großen Industrie-Betrieben Carl Zeiss Jena, Schott & Gen.

Das Forschungshochhaus des VEB Carl Zeiss Jena

und (später) Jenapharm, bewahrten eine jahrzehntelange Synergie und förderten die innovative Zusammenarbeit auf wissenschaftlich-technologischem und wirtschaftlichem Gebiet. Die ideale logistische Situation war dann auch die Voraussetzung für wissenschaftlich-technische Leistungen, die Jena zum führenden Wissenschaftsstandort der DDR machte und damit wiederum zum Leuchtturm nicht nur für Industrie und Wirtschaft, sondern auch für eine besonders intensive regionale und politische Atmosphäre.

Mitte der fünfziger Jahre begann die Universität, den reichlich vorhandenen Standorten, Instituten und Gebäuden neue Bauten hinzuzufügen, die höheren Anforderungen gewachsen sein sollten. Als eines der ersten wurde 1956 beginnend das Physikalische Institut am Max-Wien-Platz errichtet. Dass der Entwurf für das viergeschossige Gebäude mit großem Hörsaal (546 Plätze) vom Jenaer Architekten Georg Schirrmeister stammte (der sich in den 1930er Jahren schon am Wettbewerb für das unvollendete „Gauforum" in Weimar beteiligt hatte), störte die Auftraggeber offensichtlich nicht. Nach seinen Entwürfen wurden weitere neoklassizistische Institutsgebäude inmitten der Stadt hochgezogen – für die angepeilte „Sozialistische Universität" (Humboldtstraße 10 und Am Steiger 3, Jena-West).

Zeitgleich expandierte auch der durch Demontagen und Personalabwerbung nach dem Krieg stark geschwächte Optikkonzern Carl Zeiss Jena, der trotz der kapitalistischen Neugründung in Baden-Württemberg bei seinem Namen blieb und sich ein „VEB" vor den Namen gesetzt hatte. Mit Fug und Recht kann man sagen, dass „Carl Zeiss" auf mannigfache Weise die Identität der inzwischen an die 100.000-Einwohner-Grenze gestoßenen Thüringer Großstadt ausmachte. Dies wurde mit dem Bau des sechzehngeschossigen Stahlbetonskelettbaus symbolisiert: die europäische Moderne im Verwaltungsbau zog damit in die Saalestadt ein und sorgte für neues Bewusstsein der traditionell privilegierten Arbeiterschaft und der sozialdemokratisch tradierten Angestellten.

Optisches Museum • Carl-Zeiss-Platz 12 • 07743 Jena • Tel.: 03641/443165 • www.optischesmuseum.de • Di.–Fr. 10–16.30 Uhr, Sa. 11–17 Uhr

Natürlich konnten sich in dieser Atmosphäre des wirtschaftlich-wissenschaftlichen Aufschwungs auch ältere (!) und junge begabte Kader profilieren, die das geistige Leben an der Universität Jenas über die folgenden Jahrzehnte hin prägten, bzw. in jahrhundertealter Tradition ihre Jenaer Reifezeit als Sprungbrett zu nationalen Karrieren ausbauten.

Ernst Schmutzer (* 1930 in Böhmen): Physiker und Rektor der FSU 1990–1993

Eine der bedeutendsten Persönlichkeiten der Zeit von 1949 bis 1990 in Jena kam von außerhalb nach Thüringen: nach

der Aussiedlung 1945 absolvierte er die Schulzeit in Mecklenburg, studierte an der Universität Rostock Physik und promovierte dort auch. 1957 wechselte Schmutzer an die FSU Jena. Dort führte seine Wissenschaftlerlaufbahn weiter bergauf: 1958 Habilitation, 1959/60 Dozent, seit 1960 Professur für Theoretische Physik, 1964–1968 Fachrichtungsleiter Physik. Von 1968 bis 1990 arbeitete Schmutzer als Leiter des Wissenschafts-Bereichs „Relativistische Physik". Von 1974 bis 1978 bekleidete er die Funktion des Dekans der Mathematisch-Naturwissenschaftlich-Technischen Fakultät. 1969 wurde der Physiker Mitglied der Deutschen Akademie der Naturforscher Leopoldina. Nach der „Wende" fallen auch in der Biographie Ernst Schmutzers Änderungen auf: 1991 wurde er Mitglied der Sächsischen Akademie der Wissenschaften, 1995 Mitglied der Sudetendeutschen Akademie, von 1990 bis 1993 wurde er zum Rektor seiner Universität gewählt. Von der Mitgliedschaft in der Partei ist in Schmutzers Biographie nicht die Rede. War das also eine ganz und gar konfliktlose Karriere in der sozialistischen DDR? Konnte die Physik dort auch ohne Widersprüche und „unpolitisch" betrieben werden?

Nach seiner Emeritierung bleiben von ihm als führendem theoretischem Physiker bedeutsame Lehrbücher und erstaunliche Erfolge bei der Internationalisierung der in der Thüringer Provinz betriebenen Gravitationsphysik:

Ernst Schmutzer

1980 gelang es Prof. Ernst Schmutzer, aus Anlass des 100. Geburtstages von Albert Einstein, die „9. International Conference on General Relativity and Gravitation" ins Saaletal zu holen. Dass der weltweit geachtete Physiker 1981 den Nationalpreis der DDR erhielt, konnte man als Usus verbuchen; erst 2005 wurde Schmutzer Ehrenbürger der Stadt Jena.

Ob es für ihn nur eine Fußnote seiner Lebensgeschichte ist, dass er Ehrenmitglied der „Burschenschaft Arminia auf dem Burgkeller Jena" wurde?

Jena als Zwischenstation eines deutsch-sowjetischen Physikers: Max Steenbeck (1904–1981)

Für den einer älteren Generation zugehörenden Max Steenbeck spielte der Aufenthalt an der FSU Jena mehr die Rolle eines Zwischenschritts. Nach seinen außerordentlichen Beiträgen zum sowjetischen Atomprogramm (1945–1956) entschied er sich ganz bewusst und freiwillig, sich in Jena anzusiedeln und dort sowohl seine Forschung voranzutreiben als auch im schon reifen Alter zum ersten Mal zu lehren. Von 1956 bis 1960 leitete Steenbeck das Institut für magnetische Werkstoffe; auf seine Initiative hin spaltete sich davon 1959 das Institut für Magnetohydrodynamik ab, von 1959 bis zu seiner Emeritierung fungierte Steenbeck als Direktor des Institutes, gleichzeitig hatte er eine Professur für Plasmaphysik inne.

Neben seiner umfangreichen Tätigkeit an der Jenaer Universität widmete sich Max Steenbeck auf der beruflichen Seite wissenschaftsorganisatorischen Problemen in der DDR (vor allem der Kerntechnik und dem Reaktorbau); andererseits engagierte er sich aufgrund seiner eigenen Lebenserfahrungen stark für politische Themen. Seit 1957 war er Mitglied des Forschungsrates der DDR, seit 1965 dessen Vorsitzender und bis zu seinem Tod 1981 Ehrenvorsitzender. Aus

Max Steenbeck (rechts im Bild)

den Erfahrungen als Forscher heraus äußerte er sich besonders zur Problematik der Verantwortung des Wissenschaftlers in der Gesellschaft; dies bewog ihn dazu, von 1970 an
als Präsident des DDR-Komitees für Sicherheit und Zusammenarbeit in Europa zu wirken und in dieser Funktion auch
an der bedeutsamen Konferenz in Helsinki 1975 teilzuneh-
men. 1964 bereits verlieh ihm die Jenaer Universität die
Ehrendoktorwürde, seit 1969 war Steenbeck Ehrenbürger
der Stadt. Das Grabmal des bedeutenden Wissenschaftlers
befindet sich auf dem Jenaer Nordfriedhof.

Grabmal von Max Steenbeck auf dem Nordfriedhof Jena •
Hufelandweg 4 • 07743 Jena

Es würde den Rahmen dieses Historischen Führers spren-
gen, weitere, oft auch international bedeutende Jenaer
Wissenschaftler des ersten DDR-Jahrzehnts näher vorzu-
stellen. Wegen der auffallenden Ähnlichkeit der Biographi-
en und wegen der engen Verbindung von Forschung und
wirtschaftlicher Zusammenarbeit mit Jenaer Technologie-
unternehmen sollen noch zwei Namen erwähnt werden:
Paul Görlich (1905–1986) kam ebenfalls nach einer Tätigkeit
in der optischen Industrie in der Sowjetunion (1946–1952)
nach Jena, wurde anschließend Hauptleiter und 1960–1971
Forschungsdirektor im VEB Carl Zeiss Jena, parallel dazu
Dozent und 1954 Honorarprofessor für Festkörperphysik
an der Jenaer Universität. Wilhelm Kämmerer (1905–1994)
trat 1943 in die Zeiss-Werke Jena ein, arbeitete ebenfalls
1946–1953 in der UdSSR, kehrte 1954 nach Jena zurück in
die dortige Entwicklungsgruppe für Datenverarbeitungsan-
lagen. 1958 folgte die Habilitation an der FSU Jena, 1960
übernahm er die Professur für Kybernetik. Kämmerer war
wesentlich beteiligt an der Entwicklung des ersten pro-
grammgesteuerten Rechenautomaten (OPREMA) der DDR
im VEB Carl Zeiss Jena (1954/55), sowie an der Entwicklung
des Digitalrechners ZRA 1 (1955–1961). Allein diese beiden
bedeutenden und praxisorientierten Wissenschaftler (in ihren jeweiligen Kollektiven) unterstreichen, dass aus der Universität Jena und deren industriellem Umfeld in der zweiten

Hälfte der 1950er Jahre entscheidende Impulse für die Zukunftstechnologien des 20. Jahrhunderts kamen.

SCHOTT GlasMuseum und SCHOTT Villa • Otto-Schott-Straße 13 • 07745 Jena • Tel.: 03641/6815775 o. 6815754 • www.schott.com/museum • Di.–Fr. 13–17 Uhr, für Gruppen auch nach Vereinbarung

ZEISS-Planetarium Jena • Am Planetarium 5 • 07743 Jena • Tel.: 03641/885488 • www.planetarium-jena.de

Das ehemals fürstliche, bürgerliche Gera wird aufstrebende Bezirkshauptstadt

Als die Universitätsstadt an der Saale 1952 dem neugebildeten Bezirk Gera zugeschlagen wurde, konnte man von künftigen Spannungen ausgehen: In Jena wohnte der Geist, in Gera thronte die Macht. Die traditionsreiche Industriestadt an der Elster (früher Residenz des Fürstentums Reuss j. L.) zog von Anfang bis zum Ende der DDR vor allem die bezirkliche Verwaltung an, baute die einheimische Wirtschaft aus (Maschinenbau, Textilindustrie, später auch Werke für elektronische Erzeugnisse), wurde vor allem aber ein Zent-

Das Wohngebiet Gera-Bieblach

rum der „Wismut", des Uranerzbergbaus, dessen Strukturen ohnehin als „Staat im Staate" bezeichnet wurden. Die Rivalität zwischen zwei kleinen Großstädten (Jena ca. 100.000, Gera an die 130.000 Einw.) währte bis 1990, als der von der Bevölkerung ungeliebte Bezirks-Kontrakt aufgelöst wurde. Während der fast vierzig Jahre währenden politischen Bevorzugung Geras konnte die Stadt besonders im profanen Baugeschehen von seiner führenden Rolle profitieren. Bereits 1957 bis 1964 entstand das Bergarbeiterkrankenhaus am Waldrand der Stadt, in dem die unter besonderer Gesundheitsgefährdung arbeitenden Wismut-Kumpel behandelt werden konnten. Für diese soziale Risiko-Gruppe wurden auch die ersten Wohnblocks in Gera-Bieblach in der für die ersten DDR-Jahrzehnte typischen „0,8-MP-Blockbauweise" errichtet, die eine Plattenstruktur nur vortäuschen. Straßennamen wie „Glück-Auf-Weg" und „Straße des Bergmanns" weisen auf die ersten Mieter hin: Die Wohnungen waren stark gefragt wegen ihres einfachen Komforts (Zentralheizung, Bad) und den in der DDR selbstverständlichen niedrigen Mieten. Auch heute noch machen die seit 1958 errichteten Bauten einen stabilen Eindruck; das inzwischen begrünte Umfeld unterstreicht die wohnfreundlichen Abstände zwischen den Blocks. Höhepunkte dieser gehobenen Wohnkultur sind die 1965 hochgezogenen zehngeschossigen Punkthochhäuser.

So wie Gera besonders für die werktätigen Massen baute, so konnte seine Bevölkerung auch als kollektive Volksmasse erlebt werden, aus der keine übergroßen Köpfe hervorragten wie im benachbarten Jena. In den folgenden Jahrzehnten bis 1989 waren es fast ausschließlich Sportlerinnen und Sportler, die es aus Gera ins „Wer war Wer in der DDR" schafften – u. a. Marlies Göhr (*1958), mehrfache Olympiasiegerin in der Leichtathletik; Olaf Ludwig (*1960), mehrfacher Weltmeister und Olympiasieger im Straßenrennsport, und ganz am Ende des sportbegeisterten SED-Staats Heike Drechsler, deren weltweite Erfolge als Leichtathletin unter zwei Fahnen zum Medaillenregen deutscher Sportler beitrugen. (vgl. dazu Kapitel IV)

Ein Leben für den Sozialismus auf dem Lande: Heinz Wittig (1921–1989)

Nicht in Vergessenheit geraten soll aber Heinz Wittig aus dem Dorf Kauern bei Gera, der auch als politisches Pendant zum LPG-„Helden" Horst Großmann gelten kann: Ein Vorzeige-Funktionär der DDR-Landwirtschaft, geboren 1921, Sohn eines Maurers, Volksschule, Maurerlehre, der aber dann die Anpassungspflicht seiner Zeit leisten musste, 1940–1945 Wehrmacht (keine näheren Angaben). Danach geht der Lebenslauf weiter wie aus einem Lehrbuch des neuen sozialistischen Menschen abgeschrieben: 1945–1948 Maurer und Mitarbeiter auf dem väterlichen Neubauernhof, 1945/46 SPD/SED, bis 1956 Mitglied der SED-Kreisleitung Gera, 1948–1953 Bürgermeister in Kauern, 1953–1963 Vorsitzender der LPG „Wilhelm Pieck" Kauern. Von 1956 an übersprang seine Karriere die Kreisgrenze: Kandidat bzw. Mitglied des Büros der SED-Bezirksleitung Gera, 1958 Kandidat, 1959–1986 Mitglied des ZK der SED, 1959 Nationalpreis, ab 1968 Mitglied des Rats für landw. Prod. u. Nahrungsgüterwirtschaft der DDR, 1969 Qualifizierung zum Agrar-Ing., 1971–1986 Abg. des Bez.-Tags Gera, 1972 KMO (Karl-Marx-Orden), 1981 VVO (Vaterländischer Verdienstorden) in Gold, 1986 Ehrenspange. Alles in allem: ein Multifunktionär, dessen Funktionen alle aufzuzählen ein Personenlexikon in den Abkürzungswahn treiben kann. Ohne Zweifel: Heinz Wittig aus Kauern bei Gera hatte alle seine Kräfte für den Sozialismus gegeben. Daher war es scheinbar konsequent, dass er im September 1989 starb: Vermutlich war er mit seinen Kräften am Ende – er hatte sich verausgabt.

Entwicklungen in der einheimischen Industrie: Zella-Mehlis und Tambach-Dietharz

Im Bezirk Erfurt wurde das ehemalige Rheinmetall-Werk im nördlich gelegenen Sömmerda, das in der NS-Zeit besonders durch Rüstungsproduktion expandierte und dadurch einen

hohen, modernen Gebäudebestand aufwies, zum VEB Büromaschinenwerk als größtem Industriebetrieb des Bezirks mit über 11.000 Beschäftigten erweitert. Neue Industriebetriebe wurden in den fünfziger bis Mitte der sechziger Jahre in den drei Thüringer Bezirken nur wenige errichtet: Hier bilden das Wälzlagerwerk Zella-Mehlis und das Schraubenwerk Tambach-Dietharz die Ausnahmen.

In dem traditionell dem Waffenhandwerk und dem Maschinenbau verpflichteten Städtchen inmitten des Thüringer Waldes Zella-Mehlis (ca. 15.000 Einw.) wurde 1956/57 ein Wälzlagerwerk errichtet, das von einer über 100 Meter langen Werkhalle und einem ansehnlichen Sozialgebäude dominiert wird. Am Entwurf dieses bemerkenswerten Industrie- und Sozialbaus war wiederum Gerhard Haubenreißer beteiligt, der in Thüringen nach 1945 mehrere Spuren seiner architektonischen Ideen hinterlassen hat. Am Projekt in Zella-Mehlis mitgewirkt hat auch Fred Schlott, unter dessen Leitung ein Kollektiv die wohl bedeutendste Industriearchitektur der fünfziger Jahre in Thüringen schuf:

Kultur- und Sozialgebäude des Schraubenwerks Tambach-Dietharz

das Schraubenwerk Tambach-Dietharz (1958–1962). Dessen größtes Gebäude wird von einer nahezu 200 Meter langen, großflächig verglasten Hallenfront gebildet, bedacht mit 24 Dachschalen-Scheds. Bei dem durch einen weiten Grünbereich getrennten Kultur- und Sozialgebäude vermied man das in den 1950er Jahren übliche Pathos „Nationaler Traditionen". Dagegen knüpfte das Kollektiv Schlott mit seiner Stahlbaukonstruktion an Gestaltungsmittel des Neuen Bauens an. Man kann konstatieren, dass das Schrau-

benwerk in Tambach-Dietharz damit zum Musterbeispiel
einer „neuen Zeit" in der Industrie- und Sozialarchitektur
Thüringens und auch der gesamten DDR Anfang der 1960er
Jahre geworden war.

Ehem. Schraubenwerk, jetzt EJOT GmbH • Friedrichrodaer
Straße • 99897 Tambach-Dietharz

Auseinandersetzung mit dem nationalsozialistischen Erbe: Antifaschismus als Gründungsmythos der DDR und unbewältigte personelle Hinterlassenschaften

Die früheren Kämpfer der deutschen Kommunisten nutzten ihre Erinnerungen an die illegale Tätigkeit während der
NS-Zeit und die Haft in Zuchthäusern und Konzentrations-
lagern als Mahnung für die heranwachsende Generation und
als propagandistische Aktivierung für den Aufbau eines sozialistischen Staates. In den 1950er Jahren wurde in den Lehr-
plänen der Schulen, in Büchern und Filmen der Kampf gegen das Naziregime zum Gründungsmythos der DDR – auch
und besonders in der Stadt Weimar, die dem „Führer" Adolf
Hitler sehr zugetan war, von deren Bevölkerung er gern be-
jubelt wurde. Als Dank dafür plante der Diktator dort sein
überdimensioniertes „Gauforum", dessen Baubeginn (1936)
fast auf das gleiche Jahr fiel wie die Errichtung des KZ Buchenwald (1937), das zum größten KZ auf dem Gebiet des
„3. Reiches" ausgebaut wurde. Die Überlebenden dieses von
Hunderttausenden aus dem „deutschen Volkskörper" Aus-
gestoßenen (zu denen nicht nur die Kommunisten zählten)
konnten ihre Leiden, ihre Demütigungen und den täglichen
Terror nicht vergessen, wollten die Nachgeborenen mahnen,
alles gegen weitere totalitäre Diktaturen zu tun. Dabei un-
terschlugen die in der SBZ an die Macht Drängenden nicht
nur geflissentlich, dass auf dem Gelände des ehemaligen Lagers Buchenwald in der zweiten Hälfte der vierziger Jahre
wieder gelitten und gestorben wurde: Im sowjetischen Spe-

Die Straße der Nationen mit 18 Pylonen und aufgesetzten Feuer-
schalen

ziallager Nr. 2. – Das südöstlich des ehemaligen KZ liegende
Mahnmal wurde von 1954 bis 1958 nach Plänen von Ludwig Deiters und Hans Grotewohl (und Kollektiv) errichtet.
Es besteht aus einem Stelenweg, drei Rundgräbern und der
von 18 Pylonen gesäumten „Straße der Nationen". Auf dem
Feierplatz fand die Denkmalgruppe mit elf überlebensgro-
ßen Bronzefiguren (Bildhauer Fritz Cremer) ihren Platz, vor
dem alles dominierenden 50 Meter hohen Glockenturm. Das
bauliche Ensemble mahnt bei guter Sicht über mehrere Kilometer zwischen Apolda, Weimar und Erfurt an das jüngste
Kapitel grausamer deutscher und europäischer Geschichte.
Für den Historiker steht es als unübersehbares Zeichen für
verfehlte, verbrecherische deutsche Politik – als noch greif-
bar nahe Vergangenheit zwischen Kaiserreich und Weimarer
Republik, zwischen der Moderne des Weimarer Bauhauses
und dem nationalchauvinistischen „Gauforum", zwischen
dem mörderischen KZ Buchenwald im „3. Reich" und dessen
tragischer Fortsetzung als sowjetisches Speziallager in der
SBZ/DDR.
Gedenkstätte Buchenwald • 99427 Weimar-Buchenwald • Tel.:
03643/430200 • www.buchenwald.de • Außenanlagen und Mahn-

mal Mo.–So. bis zum Einbruch der Dunkelheit, Museen Apr.–Okt.
Di.–So. 10–18 Uhr, Nov.–März 10–16 Uhr

Nicht nur vor den Toren der Stadt wurde an die dunkelste
Zeit der Klassikerstadt Weimar erinnert: Das Neue sollte
auch in der Stadt öffentlich an die Stelle des Alten treten.
1958 entwarf und realisierte man an der Stelle eines vorma-
ligen wilhelminischen Kriegerdenkmals ein kleines Ensemble neuer Denkmal-Konzeption. Es bestand aus dem Stand-
bild des im KZ Buchenwald ermordeten Arbeiterführers und
KPD-Funktionärs Ernst Thälmann und der Gestaltung und
Umbenennung des innerstädtischen Ortes. Die Initiative
dazu ging sowohl von der SED-Kreisleitung als auch vom
ersten Rektor der Hochschule für Architektur und Bauwesen Weimar, Prof. Otto Englberger, aus. Die von ihm selbst
(und seinem Kollektiv) entworfenen Gebäude am Buchen-
waldplatz waren die ersten größeren Wohnungsneubauten
in Weimar nach 1945. Der Architekt hatte zuvor bereits
Wohnbauten in Nordhausen entworfen; später legte er zusammen mit seiner Hochschule den Musterbau einer modernen Schulanlage vor.

Ernst-Thälmann-Denkmal und Randbebauung • Buchenwald-
platz • 99423 Weimar

Bei allen Bemühungen, mit dem elenden Erbe der Nazizeit
zurechtzukommen, konnte man nicht nur auf Mahnmale
und Denkmale, auf Literatur und Filme setzen: die Spuren
nationalsozialistischer Ideologie konnten aus den Köpfen
der Zeitgenossen nicht einfach ausradiert werden. Deshalb
finden sich im „Braunbuch DDR. Nazis in der DDR" (vgl.
dazu Literaturverzeichnis) außer Ernst Großmann noch
andere ehemals aktive Nazis, die in den ersten Jahrzehnten des neuen sozialistischen Staates, in den drei Thüringer DDR-Bezirken, politische, wirtschaftliche und wissenschaftliche Verantwortung übernahmen. Für den *wahren*
Stand ihrer gewandelten, „neuen" Gesinnung gab es nur
ungenaue, subjektive Gradmesser. Aus der beklagenswert
großen Auswahl von „Altnazis" sollen hier nur drei genannt

werden: Fritz Brix (*1913), NSDAP-Eintritt 1932, Angehö-
riger und Offizier der SS; nach 1945 in der Demokratischen
Bauernpartei Deutschlands (DBD), im Bezirksausschuss der
Nationalen Front (NF) in Suhl, 1953–1963 Angehöriger des
Bezirkstages in Suhl.

Hans Knöll (*1913), Medizinstudium in Frankfurt a. M., am
1. Mai 1932 Eintritt in die NSDAP, 1936 Promotion, 1936
Leiter des Bakteriologischen Instituts der Jenaer Glaswerke;
nach 1945 Ruf als Hochschullehrer an die FSU Jena, 1953–
1976 Institutsdirektor an der AdW der DDR, Zentralinsti-
tut für Mikrobiologie und experimentelle Therapie in Jena,
Hochschullehrer.

Hermann Grimm (*1898 in Zeulenroda), Ingenieur, Chef-
konstrukteur, 1937 Eintritt in die NSDAP, Mitinhaber einer Werkzeugmaschinenfabrik in Triebes; 1946 Eintritt in
die Liberaldemokratische Partei (LDP), ab 1954 Ortsvor-
sitzender in Triebes, 1958–1963 Abgeordneter der DDR-
Volkskammer, Mitglied im Bezirksausschuss Gera der NF
der DDR. – In den neuen Parteien machten nach dem Zusammenbruch des Nationalsozialismus auch alte Kader aus
dem NS-Staatsapparat eine neue Karriere – das erscheint
jetzt, Jahrzehnte nach der „Wende" (1945) zwischen zwei
Diktaturen, nachvollziehbar. Woher sollten „neue Menschen" für die „neue Zeit" genommen werden? Für den
Neubeginn konnte nicht jeder per Dekret ein „Antifaschist"
werden. Für die politische Legitimation des jungen DDR-
Staatswesens hieß das, dass gegen die akute Belastung der
neuen „sozialistischen" Gesellschaft die ideologische und
propagandistische Barriere eines allgegenwärtigen „Antifaschismus" aufgebaut werden musste. Das Antifaschismus-
Dogma musste nicht nur herhalten beim ersten ernsthaf-
ten Aufstand gegen die neuen Machthaber im Juni 1953,
sondern es wurde auch zur Bedrohungslüge stilisiert: Beim
einschneidendsten Ereignis in der politischen Geschichte
des SED-Staats, beim Bau der „Berliner Mauer" 1961 und
dem perfektionierten Ausbau der Grenze zur Bundesrepublik im Westen.

Das längste und sicherste Bauwerk Thüringens von 1961 bis 1989: Die Grenze

Die Unterschiede zu allen anderen in diesem Reiseführer beschriebenen baulichen Spuren der DDR-Geschichte sind vielfältig: Die Grenze machte das Land nicht wohnlicher. Das fertige Bauwerk durfte bei fast sicherer Todesstrafe nicht betreten werden, außer von Bauarbeitern bei den Arbeiten selbst. Auch die Bürger in Uniformen, die das komplizierte technisch-militärische Objekt begingen und bewachten, durften es nur von einer Seite aus betrachten, bei Strafe des Todes. Sehr eigenartig war auch, dass der hunderte von Kilometern lange, schlangenartig in der Landschaft liegende Stacheldrahtdrache unbedacht war, unbedacht auch im Sinne, dass er keinem Bürger ein Dach bot. Der größte Unterschied war aber, dass dieses fragwürdige Bauwerk *nicht* geplant war, wie all die anderen Bauwerke in der Planwirtschaft: Per Befehl brach am 13. August 1961 das Bauen an diesem geschichtlich außerordentlichen Objekt auch über die Landschaft zwischen Franken (Bayern)/Hessen und Thüringen herein; beschlossen und befohlen von einem „Kollektiv" von Politikern im Politbüro der SED im Berliner Osten – von innenpolitischen „Architekten". Der *Sinn* der Grenzbefestigung ergab sich ausschließlich aus dem *Zweck*: Die Existenz der DDR um jeden Preis zu erhalten. Das war für die politischen Machthaber sinnvoll und ermöglichte ihnen, ihre Utopie einer sozialeren, sozialistischen Gesellschaftsordnung noch weitere 28 Jahre lang zu planen und zu errichten, ohne dass ihnen die Bewohner der „Deutschen Demokratischen Republik" in Scharen davonliefen.

Im Grunde kann die Geschichte Thüringens von 1961 bis 1989 nur erzählt werden als die Geschichte einer kleinen Gesellschaft hinter einer unüberwindlich dichten Grenze. Dass die DDR-Machthaber das Bauwerk als „antifaschistischen Schutzwall" bezeichneten, hatte nur mit ihrer *eigenen* Geschichte zu tun. Auch wenn sie propagandistisch versuchten, dies als unumstößliche Wahrheit zu verklären

und die junge DDR-Generation über *diesen Sinn* der Grenz-
anlagen „aufzuklären", erwies sich die radikale horizontale
Abschottung Richtung Westen als „historischer Bumerang":
Er schlug auf die zurück, die sich abschotteten.

Fakt wurde aber nach dem Mauerbau 1961, dass sich die
Jugend der DDR nicht so entwickelte, wie von der Partei
geplant: Die führenden SED-Genossen hatten sich in der Erziehung der Jugend auf die Strategie einer „Kampfreserve
der Partei" festgelegt. Diese an NS-Terminologien anknüp-
fenden Absichten trieb die Jugendpolitik der DDR unwei-
gerlich in unlösbare innere Widersprüche, auch sprachlich.
So hieß z. B. die offizielle und quasi obligatorische Jugend-
organisation der DDR „Freie Deutsche Jugend" (FDJ) – eigentlich ein guter Name. Aber nach dem Mauerbau spitzte
sich der innere Widerspruch in der SED-Machtpolitik zu: Die
altgedienten Falken unter den Genossen brauchten junge
Männer vor allem als Soldaten (wie so oft in der deutschen
Geschichte). Hoffnungsvollere, jüngere Kader setzten dagegen nach der totalen Abschottung gegen den „Klassenfeind"
auf die Aktivierung der nächsten Generation durch offene
Formen der Einbeziehung in den Aufbau, u. a. durch das
„Jugendkommuniqué" 1962. Womit die starrsinnigen Alt-
stalinisten (zu denen auch Erich Honecker zählte) offenbar
nicht rechneten, waren *neue* Ideale unter der *neuen* euro-
päisch und weltweit aufwachsenden Generation, die einen
kulturell ansteckenden Virus verbreiteten. Die „Revolution"
(eigentlich *das* Wort der Kommunisten!) packte die junge
Generation mit öffentlichen Gesten der Ablehnung des alten und verdrängten Erbes von Spießbürgertum, Militarismus und (im Machtbereich der osteuropäischen Diktaturen)
totaler ideologischer Vereinnahmung. Diesem Sturm einer
„Kulturrevolution" hatten die alten Greise im Politbüro
der SED wenig entgegenzusetzen, zumal sie ihre kreativen
Nachwuchspolitiker weitgehend außer Gefecht gesetzt oder
auf Abstellgleise geschoben hatten.

Dem Teufelskreis von geplanter Mitbestimmung der Fol-
gegenerationen und deren realem Ausschluss vom wesentlichen politischen Leben konnte der DDR-Staat bis 1990

nicht entkommen. Die meisten Versuche, sich kritisch oder kreativ zu engagieren, stießen früher oder später an die Grenzen in den Köpfen der Funktionäre.

Grenzmuseen und Erinnerungsorte (Auswahl):

Deutsch-deutsches Museum Mödlareuth. Museum zur Geschichte der deutschen Teilung • Mödlareuth 13 • 95183 Töpen • Tel.: 09295/1334 • www.museum-moedlareuth.de • 1. März–31. Okt. Di.–So. 9–18 Uhr, 1. Nov.–28. Feb. Di.–So. 9–17 Uhr, Mo. nach Vereinbarung

Grenz- und Heimatmuseum Georg Stift • Obere Coburger Straße 15 • 98743 Gräfenthal • Tel.: 036703/81579 oder 88914 • www.grenz-und-heimatmuseum-graefenthal.de • Mo.–Fr. 13–16 Uhr, Sa./So 14–16.30 Uhr

Grenzlandmuseum Eichsfeld in Teistungen • Duderstädter Straße 5–7 • 37339 Teistungen • Tel.: 0360071/97112 • www.grenzlandmuseum.de • Di.–So. 10–17 Uhr

Grenzmuseum Schifflersgrund • Platz der Wiedervereinigung 1 • 37318 Asbach-Sickenberg • Tel.: 036087/98409 • www.grenzmuseum.de • Mo.–So. 10–17 Uhr

Grenzturm auf dem Hopfberg • VG Schiefergebirge • Markt 8 • 07330 Probstzella • Tel.: 036735/4610 • www.vgem-probstzella.de

Gedenkstätte Point Alpha • Platz der Deutschen Einheit 1 • 36419 Geisa • Tel.: 06651/919030 • http://pointalpha.com • Apr.–Okt. Mo.–So. 10–18 Uhr, Nov./März Mo.–So. 10–18 Uhr, Dez.–Feb. Di.–So. 10–16.30 Uhr

Eine betonierte und stacheldrahtbewehrte Staatsgrenze, die vom größten Teil der Bevölkerung nicht gewollt war, musste zu immer neuen, essentiellen innenpolitischen und sozialen Konflikten führen. Tausende „DDR-Bürger" wollten diesen Titel nicht mehr tragen, wollten legal oder illegal den Staat verlassen, das Land Thüringen auch, das doch ihre Heimat war. Alle drei Thüringer Bezirke hatten direkten Grenzkontakt mit der „imperialistischen BRD", wie es im SED-Jargon hieß. Die Grenzsoldaten der DDR und die Grenzbeamten der BRD standen sich auf 763 Kilometern gegenüber – und die Sprache über den Stacheldraht war zumeist dieselbe. Die „Ausreisewilligen", die „legal" nach oft jahrelangem Warten mit „Anträgen auf ständige Ausreise" die Seite wechselten, brachten dem SED-Staat Millionen D-Mark an Devisen ein: Wieder wurden Thüringer Landeskinder wie in früheren Jahrhunderten verkauft. Wer nicht warten wollte oder konnte, wer den Sprung durch den Zaun oder über ihn hinweg (z. B. per Ballon) wagte, der landete im Westen, im Knast oder im Leichenschauhaus. Da war es verständlich, dass viele der alteingesessenen Thüringer den Weg der Anpassung vorzogen – und so schlecht war das Leben in der DDR dann doch nicht, wenn man sich mit dem eingeführten System arrangierte.

Grenzverletzer gegen den eigenen Willen: Roland Jahn

1983 war es ein waschechter Thüringer, der für das wahrscheinlich absurdeste Ereignis sorgte, das es in der 28-jährigen Geschichte der „Staatsgrenze der DDR" gab: Roland Jahn. Im ersten großen Krisenjahr der DDR 1953 in Jena geboren, gehörte er zu der Generation, die nur die Wirklichkeit der sozialistischen Gesellschaft im Bezirk Gera kannte, dessen Eltern im authentischen Milieu des VEB Carl Zeiss und der Universität arbeiteten, und dem daher alle Bildungswege offen standen. Nach dem Grundwehrdienst bei der „Bereitschaftspolizei" spitzte sich bei dem Jugendlichen nach der Ausbürgerung des regimekritischen Barden Wolf Biermann 1976 allerdings eine kritische Haltung zur Realität zu; die Folge war die Kollision mit staatstreuen Dozenten an der FSU Jena. Vom Studium der Wirtschaftswissenschaften wurde Jahn folgerichtig vonseiten der Genossen ausgeschlossen.

Roland Jahn

Die Parteikader hatten einen Vertreter der jungen Generation zum Feind des Sozialismus erklärt und sich damit einen Staatsfeind „gemacht". Auch in der poststalinistischen Ära nahmen „die Genossen" Entscheidungen selten zurück: Sie gingen davon aus, dass „die Partei" immer recht hatte. Auch bei Roland Jahn, wie zuvor schon bei seinen FSU-Kommilitonen Jürgen Fuchs, Lutz Rathenow, Siegfried Reiprich, Peter Rönnefarth und anderen, übersahen die Vertreter der Parteileitung geflissentlich, dass die jungen Rebellen gar nicht ihre Parteimitglieder waren. Sie verurteilten die jungen Wilden wie selbstverständlich rein autoritär, weil sich die Deutsche „Demokratische" Republik bald zu einer neuen Form von Diktatur entwickelt hatte, in der alle wichtigen und unwichtigen Entscheidungen vom „Kollektiv" des Politbüros in Berlin gefällt wurden – zu einer Deutschen Diktatorischen Republik.

Nach phantasievollen, öffentlichkeitswirksamen Provokationen des jungen Rebellen Jahn sperrte ihn das MfS in die Untersuchungshaft in Gera. In der Folge seiner Verurteilung zu mehreren Monaten „Freiheitsentzug" im Januar 1983 erkämpften nationale und internationale Bürgerrechtler erfolgreich seine Freilassung. Als Dank engagierte sich der geschasste Student in der aufkeimenden Friedensbewegung in Jena – bis zu dem 8. Juni 1983, an dem er die undurchlässige Grenze „legal" überfuhr, die er gar nicht durchfahren wollte. Im Bahnhof von Jena wurde Roland Jahn in ein Zugabteil eingeschlossen, nach kurzem Halt in Probstzella (vgl. Franz Itting!) raste der Zug Richtung Bayern: Ein Bumerang für die Politik der Staatspartei, denn der ehemalige Jenaer Student beteiligte sich von Westberlin aus am Organisieren der politischen Opposition in der DDR. An der folgenden „Behandlung" seiner Eltern durch die Jenaer Staatsbürokratie war abzulesen, dass man, im Musterstaat des Antifaschismus, aus subtilen Formen der Sippenhaft in der NS-Zeit nicht nur „antifaschistische" Lehren gezogen hatte.

DDR-Grenzbahnhof-Museum Probstzella • Altes Bahnhofsgebäude • 07330 Probstzella • Tel.: 036735/4610 oder 73850 •

Der „Eichsfeldplan" – große Vorhaben für ehemals kleine Ortschaften

Bereits drei Jahre vor dem Ausbau der Grenze zum Westen
beschloss die DDR-Regierung 1958, Orte im äußersten Westen ihres Staatsgebietes besonders zu fördern (so wie die
BRD auch ihre „Zonenrandgebiete" förderte). Im ehemaligen Land Thüringen betraf das ganz besonders das katholische Eichsfeld, das für die ungläubigen Genossen ohnehin
ein schwieriges Gebiet im Nordwesten des Bezirkes Erfurt
darstellte. Durch den sogenannten „Eichsfeldplan" sollte der
Landstrich zwischen Werra und Südharz mit dem Hauptort
Heiligenstadt (seit 1950 zum „Bad" erklärt) als Zentrum
gleichzeitig industriell und kulturell intensiv entwickelt werden, was insgesamt auch bis Mitte der 1970er Jahre gelang.
In der Industrie schlossen die Planer an die schmale Tradition vorhandener Metallverarbeitungsbetriebe an und bauten

Das Hauptgebäude der Solidor-Heuer GmbH Heiligenstadt, vormals
VEB Solidor

sie in den 1960er Jahren bedeutend aus, z. B. mit dem VEB „Solidor". Die nach einem Entwurf von Willi Fieting 1968 bis 1972 errichteten beiden Hauptgebäude (ein viergeschossiges Produktionsgebäude in Stahlbetonskelett-Montagebauweise; dazu ein sechsgeschossiges Sozialgebäude) sowie eine „modische" Einfahrt mit VT-Faltendach legten Zeugnis ab von einer zeitgemäßen, freundlichen Industrie-Architektur. Für das Wohlfühlen der Beschäftigten nach der üblichen Schichtarbeit sollte ein ganzes Ensemble von Kulturbauten sorgen, die bereits vor dem Ausbau der Industrie entstanden (vgl. Kap. II). Mit dem „Eichsfeldplan" wurde damit der Abwanderung vor allem ins eigene südöstliche Hinterland Richtung Erfurt und Sömmerda erfolgreich begegnet.

Ehem. VEB Solidor, jetzt Solidor-Heuer GmbH • Bahnhofstraße 5 C • 37308 Heilbad Heiligenstadt

Noch rasanter expandierte das östlich benachbarte Leinefelde. Die vorher unbedeutende Gemeinde entwickelte sich seit 1960 zum Industrie- und Siedlungsschwerpunkt im Eichsfeld; 1969 erhielt der nunmehr ca. 12.000 Einwohner zählende Ort das Stadtrecht. Entscheidend dafür war der Aufbau der Baumwollspinnerei und Zwirnerei 1961–1964, die nach Entwürfen des Kollektivs Wolfgang Frömder als einer der ersten Kompaktbauten in der DDR galt. Das in Stahlbetonskelett-Montagebauweise errichtete Produktionsgebäude von 480 m Länge und 200 m Breite brachte 70.000 m² Nutzfläche; arbeiterfreundlich zeigte sich der Werkseingang mit Verkaufseinrichtungen. Diesem Erfolgsmodell „sozialistischer" Industriearchitektur fügte man später den Bau einer Texturseidenzwirnerei hinzu (1969–1974): Eine Kompaktanlage (48.150 m²) aus zwei Hallenteilen, dazwischen ein dreigeschossiger Klimatrakt in Stahlbeton-Fertigteilbauweise, das Dach als Stabnetzfaltwerk. Zusammen mit der umfangreichen Wohnbebauung und modernen Sozial- und Kulturbauten (vgl. Kap. II und III) wurden im Eichsfeld materielle Voraussetzungen für eine „sozialistische Lebensweise" bis zur Mitte der siebziger Jahre geschaffen. Wie dies von der Bevölkerung angenommen wurde, stand auf einem anderen Blatt – befanden sich doch die initiierenden Funktionäre von Staat und Partei nicht nur mit der regional traditionell starken katholischen Kirche im Kulturkampf, sondern auch mit den hautnahen Konkurrenten im Westen, inklusive und gebührenfrei mit dessen Rundfunk- und Fernsehkanälen.

Talsperrenbauten: Gebändigtes und genutztes Wasser in Hohenwarte (Saale), Luisenthal (Ohra) und Zeulenroda (Weida)

Im Süden Thüringens knüpften die Wirtschaftsplaner am Oberlauf der Saale an das (während der NS-Zeit) Geschaffene an: von 1958 bis 1963 wurde das Pumpspeicherwerk Hohenwarte II gebaut. Bekanntlich wird dabei elektrische Leistung erzeugt durch das Hochpumpen des Wassers in der Zeit geringen Strombedarfs und dem wieder Ablassen der Wassermengen in Stunden hohen Energiebedarfs. Erstaunlich, dass zu jener Zeit nach Entwürfen von Günter Thierbach nicht nur ein schnöder Zweckbau, sondern ein ansehnlicher, weitgehend verglaster Stahlskelettbau als

Die Ohratalsperre nahe Luisenthal

Die Weidatalsperre Zeulenroda mit Wasserentnahmeturm

Krafthaus entstand. Das Zentrum der Anlage beherbergt acht Turbinensätze, die unterhalb des Krafthauses liegen. Dominierend in der Landschaft liegen die acht jeweils 700 m langen Rohrbahnen zum Oberbecken und ein turmartiges Einlaufbauwerk.

An erster Stelle der Nutzung steht bei der 1956–1967 erbauten Ohratalsperre bei Luisenthal am Nordrand des Thüringer Waldes die Trinkwasserversorgung großer Teile der Bezirke Erfurt und Gera. Der 260 m lange und 65 m hohe Steinschüttdamm ermöglichte den Stau von 19 Mio. m^3 Wasser, das talabwärts zum Trinkwasser aufbereitet wird. Es entstand ein 88 ha großer, reizvoll gelegener See, der später auch dem Erholungswesen diente, inkl. eines FDGB-Ferienheims.

Als reifste architektonische Leistung im Thüringer Wasserbau darf man wohl den Talsperrenkomplex an der mittleren Weida bezeichnen, ein Flüsschen, das von Süden nordwärts in die Weiße Elster fließt. Hier wurde das Wasser doppelt und dreifach („komplex") ausgenutzt – durch zwei Sperren bei Zeulenroda und Auma. Schon 1949–1956 entstand die Weidatalsperre, eine Trinkwassertalsperre mit 9,7 Mio. m^3 Stauraum, den Sperrkörper bildet eine Schwergewichtsbetonmauer mit einer Kronenlänge von 170 m, Höhe 24 m. Von 1968 bis 1975 entstand dann mit der Sperre Zeulenroda ein

Trinkwasserreservoir für ein großräumiges Fernwassersystem. Die durch den 33 m hohen Steinschüttdamm (Kronenlänge: 307 m) entstandene 239 ha überstaute Fläche wurde wie zumeist noch für ein Strandbad und eine Feriensiedlung genutzt; zusätzlich auch für die Binnen-Fischwirtschaft. Dass der Talsperrenkomplex auch noch dem Hochwasserschutz dienen konnte, machte die Anlage als Investition in die sozialistische Zukunft zweifellos wertvoll. Als „Krone" gab es dazu den als moderne Zweckbau-Architektur auch ästhetisch reizvollen Wasserentnahmeturm (43 m hoch). Für DDR-Verhältnisse selten wurde über die Talsperre ein (Straßen-)Brückenbau gewagt: ein stählerner Hohlkastenträger auf fünf Stahlbetonstützen, 32 m über der Talsohle mit einer Gesamtlänge von nahezu 400 m.

Die DDR und ihre erfolgreichste Zeit in Wirtschaft und Politik Mitte der 1960er bis Ende der 1970er Jahre in Thüringen

Spätestens nach der mehr oder weniger erfolgreich realisierten Wirtschaftsreform der „Neuen Ökonomischen Politik" (NÖP) Anfang der sechziger Jahre und der andauernden Abschottung gegen die westliche Welt (man sollte aber nicht vergessen, dass den DDR-Politikern die Sowjetunion und der europäische Osten als militärische Schutzmacht, als Rohstoffressource und Absatzgebiet erhalten blieb), entwickelte sich das Land durchaus kontinuierlich. In den drei Thüringer Bezirken Erfurt, Gera und Suhl gab es durch die übernommene breite industrielle Basis viele Möglichkeiten, traditionelle Industriezweige auszuweiten oder neue technologische Schlüsselindustrien aufzubauen. So war der (sehr kleine) Bezirk Suhl das Gebiet mit dem zweithöchsten Industrialisierungsgrad (58 %) aller DDR-Räume – und dabei handelte es sich großenteils um „saubere Industrie", deren Werke und Betriebe zumeist in der guten Luft im oder am Thüringer Wald lagen. Besonders das durch seine Geschichte als „Waffenschmiede" bekannte Städtchen Suhl

„boomte" im sozialistischen Sinne. Zu dem weltweit bekannten Großbetrieb für Motorräder und Sportwaffen VEB
Simson Suhl, der die für Jugendliche reizvollen Mopeds
vom Typ „Schwalbe", „Star" u. a. produzierte, gesellte sich
der neue Stammbetrieb des Kombinats Elektrogerätewerk
Suhl mit 5.000 Beschäftigten. Letzteres repräsentierte im
1973–1975 eingerichteten Industriegelände Suhl-Nord eine
komplexe Verbindung von Produktion, Verwaltung und
Ausbildung. Auf dem gleichen Industriegelände entstand
1974–1979 auch das Südthüringer Fleischkombinat. Am
Rande der Stadt wurden zwischen 1964 und 1981 Gebäude für den VEB Medizinmechanik errichtet. Suhl erlebte als
Stadt eine sozialistische Erfolgsgeschichte – besonders auch
im sozialen und kulturellen Bereich sowie im Wohnungsbau
(vgl. dazu Kap. II und III).

Fahrzeugmuseum Suhl • Friedrich-König-Straße 7 • 98527
Suhl • Tel.: 03681/705004 • www.fahrzeug-museum-suhl.de •
Mo.–So. 10–18 Uhr, 24.12/31.12. 10–14 Uhr

Die regionale SED-Organisation verwies stets darauf, dass
Arbeiterparteien in ihrer Stadt der Waffenschmiede eine bedeutende Tradition hatten: 1871 entstanden erste gewerk-
schaftliche und 1875 erste sozialdemokratische Organisationen; 1919 wurde die Ortsgruppe der KPD gegründet. Diese
radikale Partei bestand ihre erste Bewährungsprobe bei der
Niederschlagung des Kapp-Putsches 1920, das wurde zusammen mit dem „revolutionären Kampf der Arbeiterklasse gegen Faschismus und Barbarei" in die Erbe-Rezeption
(Mahnmale und Gedenkstätten) der Arbeiter-und-Bauern-
Macht aufgenommen. Nun an der Macht, erbaute sich die
„allein führende Kraft" der DDR auch neue Verwaltungsgebäude, die ihrem Selbstverständnis entsprachen. Besonders
in Suhl wurde deutlich, dass sich „die Partei" architektonisch
und städtebaulich dem Volk zugehörig fühlte und ihre Bauten auch vom finanziell-materiellen Aufwand her angemessen erschienen. Das Haus der Partei in der Wilhelm-Pieck-
Straße wurde selbstverständlich von einem Architekten-
Kollektiv entworfen und 1969–1971 realisiert. Dem sie-

bengeschossigen Baukörper mit Vorhangfassade wurde ein Eingangsbereich mit Konferenzsaal zugeordnet; in der Halle konnte das Wandbild „Die führende Rolle der Arbeiterklasse" von Franz Reiß die führende Rolle der Bauherren aus der Arbeiterklasse optisch untermalen.

Die weniger proletarische, sondern residenzstädtisch-bürgerliche Tradition und sicher auch die bedrohlich nahe Grenze zum Klassenfeind verhinderten dagegen, dass sich das westlich gelegene Meiningen während der 40 DDR-Jahre wesentlich entwickeln konnte. Diese Grenzlage hatte schon die Preußen dazu angeregt, in Meiningen 1866/67 eine historistische Hauptkaserne von bedeutenden Ausmaßen ins Gelände zu protzen. Auch in diesem Fall beerbten die nun regierenden Sozialisten die Großbauten des preußischen Militarismus ohne Skrupel, bauten die Kaserne 1966/67 mit eigener, kleinkarierter Neubau-Ästhetik aus: eckige, kantige Kommiss-Architektur. Für die Soldaten der Grenzbrigade der NVA wurde in einer der letzten Ecken der Republik viel „Theater" veranstaltet: Meiningen blieb die Kreisstadt (ca. 26.000 Einw.) Thüringens, welche den Realsozialismus fast spurlos überlebte – in einer Mischung aus Museum und Theater. Eine Reihe von DDR-typischen Wohnzeilen und der neue VEB Robotron-Elektronik (1967–1970) konnten einer „sozialistischen Moderne", wie in der „explodierenden" Bezirksstadt Suhl, nicht zum Durchbruch verhelfen.

In den Tälern des östlichen Thüringer Waldes lebten die kleinen, dicht aufeinander folgenden Orte fast alle von unterschiedlichen Formen der Glasindustrie: Stützerbach und Schmiedefeld, z. B. Wie in allen Industriezweigen fanden dann Konzentrationsprozesse zum modernen Großbetrieb statt; das wurde in der DDR kein „Konzern", auch keine „Aktiengesellschaft", sondern ein „Kombinat". Der VEB Kombinat Technisches Glas in Ilmenau stellte (auf einem zusammenhängenden Industriegelände) Thermometer und Laborgeräte her, und auch „Henneberg-Porzellan". Die örtliche Fachschule für Glasverarbeitung bildete Führungskräfte für die regionalen Gewerbe aus. Wie eine glitzernde Baumschmuck-Kette verteilen sich kleine Orte auf der Landkarte des Kreises Neuhaus a. R. (die höchstgelegene Kreisstadt der DDR, auf dem Kamm des Thüringer Schiefergebirges): Lauscha (u. a. Glasfasern, Glasaugen und Kunstglas), Steinach (Mineralwollefasern, Keramik- und Baumaschinen), Steinheid (größte Baumschmuckfabrik) – und am Ende der Kette liegt Sonneberg im Süden.

Museum für Glaskunst Lauscha, Farbglashütte Lauscha • Straße des Friedens 46 • 98724 Lauscha • Tel.: 036702/281-0 • www.farbglashuette.de • Mo.–So 10–17 Uhr (verkürzt an Feiertagen)

Sonneberg am südlichen Zipfel des Bezirkes Suhl wurde zwischen 1949 und 1990 ebenfalls von der Bezirksstadt an Bedeutung überholt, aber es blieb mit ca. 30.000 Einw. die größte Stadt in Süd-Thüringen. Die seit 1700 dort angesiedelte Holz- und Spielwarenherstellung erreichte in der DDR industrielle Aufwertung und erhielt der Stadt damit ihre traditionelle Bedeutung. Mehr noch: Die Wirtschaft der Stadt wurde von drei, auf verschiedene Spielzeugarten spezialisierten, Großbetrieben geprägt, von denen der VEB „Sonni" der Stammbetrieb des DDR-Spielwaren-Kombinats wurde. Damit blieb Sonneberg, zusammen mit den Produktionsstätten in kleinen Nachbarorten mit 9.000 Beschäftigten (nur wenige davon waren noch Heimarbeiter), das bedeutendste Spielzeugzentrum der Welt. Neben dieser ererbten Spiel-Branche wurden in der abgelegenen Stadt zwei elektrotechnische Großbetriebe und das Kombinat „Thuringia" (!) für Glas- und Keramikmaschinenbau neu errichtet.

Deutsches Spielzeugmuseum • Beethovenstraße 10 • 96515 Sonneberg • Tel.: 03675/4226340 • www.spielzeugmuseum-sonneberg.de

Wie sich die Staatsmacht an der „Frontlinie" zum kapitalistischen Klassenfeind im Westen (der hier geographisch aber im Süden lag) einrichtete, wie sie bodenständig wurde und sich förmlich in Stadt und Kreis Sonneberg festsetzte, drückt das Verwaltungsgebäude des Rates des Kreises überdeutlich aus. Der 1989 und damit als letzter Teil einer Reihe erschie-

Das Verwaltungsgebäude des Rates des Kreises in Sonneberg

nene „Architekturführer DDR. Bezirk Suhl" schildert in der üblichen „Krüppelsprache" solcher informativen Werke ein schlagendes Beispiel für die innere Einrichtung des Realsozialismus, dem man unbeabsichtigten metaphorischen Enthüllungscharakter unterstellen könnte. Zitat: „Sonneberg. Verwaltungsgebäude Rat des Kreises, Karl-Marx-Straße. 1961– 1965 n. Entw. R. Schenk, E. Simon u. Kollektiv als 5gesch. Lückenbebauung err. Im EG Gaststätte, Bar, Café u. Verkaufseinrichtung, in den OG Verwaltungsräume. KG u. EG in Montagebauw. 2-Mp-Laststufe. Vorgezogenes Haupttreppenhaus m. Stahlbetonschalen als Eingangsüberdachung, darüber Farbglasgestaltung ‚Soz. Entwicklung des Kreises Sonneberg' v. H. Hattop im Treppenhausfenster. Märchenfries aus Beton in d. Gaststätte v. W. Dörsch. ..."

Kritisch-sarkastische Geister konnten ihre hämische Freude haben an der Beobachtung von Speichelleckern auf dem „vorgezogenen Haupttreppenhaus"; durch die rosaroten Brillen der Ideologen konnte die „soz. Entwicklung" gedeutet werden zu einer „sozialen" oder einer „sozialistischen" Entwicklung. Dass selbst die alten Märchen von einer gerechteren Welt in Beton gegossen wurden, fiel den ansässigen Oberlehrern ostdeutscher Herkunft nach einigen guten Köstritzer Schwarzbieren „in d. Gaststätte" gewiss nicht mehr ins Auge – bis 1989. Wenn es in der DDR einen Werkstein gegeben hat, der so ganz identisch war mit den „Träumen", mit den „Plänen", mit den „Beschlüssen" der jungen und alten Greise an der Parteispitze, dann war es BETON ...

Auf Bezirksebene: Staatsmono-
polistischer Sozialismus in Erfurt

Während auf der Sonneberger Kreisebene mit Beton ein
Märchen-Fries „gekleckert" wurde, „klotzte" man in der alt-
preußisch dominierenden größten Bezirksstadt Thüringens.
Selbstbewusstsein und parteiliche Wagenburgmentalität
strotzten aus dem Komplex der Bezirksparteischule (natürlich der SED) im Süden Erfurts. Der verwendete Bautyp, eine
Mischung aus schulischer Nutzung und Internat, basierte
auf ähnlichen Bauten in Schleusingen (s. o.) und Rostock. In
Erfurt errichtete man den ähnlichen „Komplex" (ein ebenso typischer DDR-Begriff wie: „Objekt") im Jahr 1972. Das
großzügige Arrangement der einzelnen Baukörper gleicht in
seiner vierflügeligen Anordnung einer geschlossenen Klos-
teranlage. Nicht ohne Grund nannte man solche *Komplexe*
im Volksmund spöttisch „Rotes Kloster". Dass die gelungene
Freiraumgestaltung in den Händen einer Frau lag, relativiert
nur wenig die im Bauwesen der DDR deutliche Über-Domi-
nanz des männlichen Architekten-Geschlechts. Der von
eckig-kantigen Betonquadern eingeschlossene Innenhof
diente als Pausenbereich, flachgeschossige Seminarräume,
Lesesäle und Bibliothek verwiesen auf den propagandistisch
gepredigten „wissenschaftlichen" Ansatz der 1 : 1 vermittel-
ten marxistisch-leninistischen Staatsideologie: „Die Partei,
die Partei, die hat immer Recht!"
Überzeugung, Rechthaberei und Agitationswut der Partei
sandte besonders das „Bezirksorgan der SED" mit dem ehemaligen nationalsozialistischen Codewort „Volk" aus: dazu
baute man eigens einen modernen Hochhausbau am Juri-
Gagarin-Ring. Ob das Erdgeschoss des Elfgeschossers von
den Architekten absichtlich als *monolithisch* (mit sichtbaren
Stützen) entworfen wurde, wäre eine spekulativ-metaphori-
sche Unterstellung. Das Stadtvolk von Erfurt setzte sich traditionell mehr aus Angestellten denn aus „Arbeiter und Bauern" zusammen: Die Großstadt bewahrte auch in der Periode
von 1949 bis 1990 ihren anrüchigen Ruf als „Beamtenstadt".
So verwundert es nicht, dass Erfurt während der 40 DDR-

Jahre vor allem mit Verwaltungsbauten und großflächigen, auch innerstädtisch ausgebreiteten Plattenbausiedlungen von sich reden machte. Entsprechend expandierte die Thüringer Metropole bis auf eine Einwohnerzahl von 215.000, von denen ein Teil in Behörden angestellt war, der andere Teil in meist erweiterten traditionellen Industriebereichen – in Großbetrieben der Elektrotechnik, des Maschinenbaus, der Büromaschinenindustrie, besonders der Konfektions-, Leicht-, und Schuhindustrie (aus der Schuhfabrik kamen 25 % aller DDR-Damenschuhe). Als pulsierende Großstadt zog Erfurt auch die Errichtung neuer wirtschaft- und gesellschaftlicher Zweckbauten nach sich: Dienstleistungskombinate, Großbäckerei, Milchhof, ein modernes Datenverarbeitungszentrum (1970–1975), denen das Gebäude Industrieprojektierung am Steinplatz 1961 vorausgegangen war. Aus dem breit gestreuten Spektrum von Betrieben des volkseigenen (also verstaatlichten) Wirtschaftssektors ragten die neu errichteten Bauten des Kombinats Umformtechnik (UT) Erfurt hervor (1974), das mit 5.000 Beschäftigten größte Unternehmen in Erfurt. Es versorgte sowohl alle neueren Fahrzeugwerke der RGW-Länder als auch das damalige VW-Werk im Westen mit Karosseriepressen.

Das Kombinat Umformtechnik Erfurt

Eine der schwierigen Fragen zur Geschichte der DDR ist die nach den „großen", vielleicht sogar „bedeutenden" Persönlichkeiten, mit denen man dieses weltgeschichtliche Durchgangs-Land (das auch schon als „Fußnote der Weltgeschichte" bezeichnet wurde) in Verbindung bringen kann: Welche Gesichter, welche Porträts, welche „Figuren" stehen für dieses Land? Zum Vergleich: Auf der westdeutschen Seite findet man die starken Politiker, rührigen Konzernherren und „geistigen Väter" in den Verlagshäusern und Medienanstalten, die als Ahnherren des gewaltigen Aufschwungs der Bundesrepublik in deren ersten 40 Jahren gelten: Von Adenauer bis Springer. Wer erinnert sich aber an ihre Pendants auf der östlichen Seite? Gab es außer Walter Ulbricht, Erich Honecker und dessen angetrauter Ministerin für Volksbildung, Margot, herausragende Persönlichkeiten, Charaktere, deren man sich früher oder später erinnern sollte? Wer waren die Lenker der Wirtschaft, wer leitete die „Kombinate", die sozialistischen Konzerne? – Hier ein biographisches Beispiel aus dem Bezirk Erfurt, aus der Geschichte des Kombinats „Umformtechnik" Erfurt.

Herbert Kroker: Exemplarischer Lebenslauf eines DDR-Wirtschaftsfunktionärs

Geboren wurde Kroker 1929 in einer Arbeiterfamilie in Groß-Merzdorf (Niederschlesien). Nach Volkssturm und kurzer sowjetischer Gefangenschaft nahm er eine Lehre als Bauschlosser auf (1946–1949), war dann in seinem Beruf als Monteur tätig. Danach lief eine scheinbar problemlose und dynamische gesellschaftspolitische Karriere an („Funktionär"): 1953 FDGB, 1954 SED; 1953–1955 BGL-Vorsitzender im VEB Starkstromanlagenbau, 1955–1961 im VEB Industriewerke Karl-Marx-Stadt (Chemnitz); danach die nächsten Sprossen: Parteiorganisator des ZK der SED in der VVB Werkzeugmaschinen und externes Studium an der Hochschule für Ökonomie 1967/68 zum Dipl.-Wirtsch.; schließlich die Karriere als Wirtschaftslenker („Manager"): 1969/70 Werkdirektor des VEB Pressen- und

Herbert Kroker als Redner auf einer Veranstaltung

Scherenbau, 1970–1983 Generaldirektor des Kombinats Umformtechnik „Herbert Warnke" in Erfurt. War Herbert Kroker damit „ganz oben", war er ausgefüllt mit diesem „Job"? – Was SED-Ideologen dem „imperialistischen Klassenfeind" vorwarfen, die enge Verquickung von Politik und Wirtschaft (Staatsmonopolistischer Kapitalismus, im Jargon der Linken = „StaMoKap"), praktizierten sie in ihrem realen Sozialismus selbst: Wirtschaftslenker und Industriemanager wurden prinzipiell auch zu politischen Aufgaben verpflichtet. Die neuen Führer der Arbeiterklasse entwickelten sich zu systemeigenen „Multis", zu Multifunktionären, die überlastet wurden, weil sie sich überlasten ließen, weil sie vorgegebene gesellschaftspolitische Rollen zumeist willig übernahmen: Neben seiner zweifellos ausfüllenden Tätigkeit als Generaldirektor eines Kombinats wurde Kroker ab 1976 Abgeordneter des Bezirkstages Erfurt, absolvierte (wie nur?) 1979 die Promotion an der Parteihochschule der SED „Karl Marx" (Dr. rer. oec.), wurde 1979 Mitglied der SED-Stadtleitung und 1981–1986 der SED-Bezirksleitung Erfurt, daneben 1981–1986 Abgeordneter der DDR-Volkskammer. Ein ausgefülltes Leben! Wann entspannte sich der Supermann eigentlich? – Kein Wunder, dass dann irgendwann doch Konflikte auftraten, die nur mit Verlusten gelöst werden konnten. Das Personen-Lexikon „Wer war wer in der DDR" (1996) vermeldet über den weiteren Lebensweg Krokers: ‚1983 Ablösung als Generaldir. wegen Differenzen mit dem Sekr. des ZK der SED Günter Mittag, Versetzung als Dir. eines Kleinbetriebs für Feuerlöschgeräte nach Apolda, anschl. Dir. im Weimarer Landmaschinenwerk". Herbert Kroker wurde zum Verbannten, für den es aber noch adäquate Posten gab – auch wenn die Feuerlöschgeräte aus Apolda im Herbst 1989 die aufflackernde (Friedliche oder

Konter-)Revolution nicht mehr löschen konnten. Der in Ungnade Gefallene wurde im November 1989 tatsächlich noch zum 1. Sekretär der SED-Bezirksleitung Erfurt gewählt. Mehr noch: Nach dem Rücktritt des Politbüros und des ZK in Berlin übernahm Kroker den Vorsitz des Anfang Dezember 1989 eilends einberufenen zeitweiligen Arbeitsausschusses der SED, der die Existenz dieser Partei durch den „Bruch mit dem Stalinismus" beendete und mit der Gründung der PDS eine post-stalinistische Ära begann. Was wäre aus dem erfolgreichen Industriemanager geworden, hätte er sich auf seine Tätigkeit als Generaldirektor in Erfurt konzentriert, oder, wie es der Volksmund sagt, wäre der Schuster bei seinem Leisten geblieben?

Auf deutsch-deutscher Augenhöhe mit unterschiedlichen An- und Aussichten

Dass Erfurt im März 1970 deutsche Geschichte (mit-) schrieb, war kein Zufall: Die Stadt lag günstig für beide beteiligte Seiten. Das Treffen im Interhotel „Erfurter Hof" wurde zur ersten Begegnung von verantwortlichen Poli-

Das Hotel Erfurter Hof in Erfurt im Jahr 1970

tikern beider deutscher Staaten überhaupt; auch vor dem Bau der „Mauer" hatten sich die höchsten Vertreter zweier feindselig gegenüberstehender Gesellschaftssysteme strikt voneinander abgegrenzt. Das Aufeinanderzugehen hatte zweifellos primär praktische Motive: Die Bürger beider Teilstaaten machten Druck, die vorhandenen persönlichen Bindungen schliefen nicht einfach ein, wie sich das vor allem die östliche Seite gewünscht hatte. Dagegen stand auf der Liste der Ziele der DDR-Regierung die völkerrechtliche Anerkennung ihres Staates ganz oben – und der „Klassenfeind" im anderen Deutschland konnte ihr, absurderweise, auf den Sockel internationaler Gleichstellung am besten helfen. Die Regierung der Bundesrepublik Deutschland war dazu grundsätzlich nicht bereit, da man dort 1970 noch immer von einer gemeinsamen Nation und einem ungelösten nationalen Problem ausging. Die konservativen Kräfte verzichteten nicht einfach auf den Anspruch, für das ganze deutsche Volk zu sprechen, also auch für die in der DDR lebenden knapp 17 Millionen Deutschen. Beim Treffen ging es wegen der verhärteten Positionen besonders darum, das Verhältnis zwischen den beiden deutschen Staaten auf der Grundlage der Prinzipien friedlicher Koexistenz und völkerrechtlicher Beziehungen zu normalisieren.

Für die Erfurter Bevölkerung war das Treffen spektakulär: Der Bundeskanzler in ihrer Stadt, den sie nur aus dem Fernsehen kannten (von dem in ihrer Grenznähe auch die Programme der ARD und des ZDF zu empfangen waren). Die legendären „Willi! Willy!"-Rufe galten also an erster Stelle dem „Willy" mit „y", auch wenn nur wenige Thüringer Bürger realisierten, dass der Berliner Willi Stoph (KPD) und der Lübecker Willy Brandt (SPD) *beide* Antifaschisten waren, wenn auch mit sehr verschiedenen Biographien. Im Nachhinein muss man die Bedeutung des Erfurter Treffens aus verschiedenen Blickwinkeln unterschiedlich bewerten: Einerseits führten die Gespräche zu leichten praktischen Verbesserungen für die Normalbürger (wie Reisen, Telefonverbindungen etc.). Selbstverständlich eröffneten sich auch neue Möglichkeiten für die westdeutschen Geschäftemacher und damit

Während des Brandt-Besuches 1970 vor dem Hotel Erfurter Hof

für die DDR-Exportindustrie. Andererseits unterstreichen die Entwicklungen der West-Ost-Konfrontation Anfang der 1980er Jahre, die Stationierungen neuer Atomraketen in West- und Osteuropa, dass die deutsch-deutsche Verständigung nicht die grundsätzliche System-Konfrontation an der innerdeutschen Grenze überwinden konnte. Die Stadt Erfurt und ihr Top-Hotel wurden durch den historischen Moment ins internationale Bewusstsein gehoben: Das nützte ihrer Popularität mittelfristig durchaus. Gehörten zuvor bereits berühmte Persönlichkeiten wie der König des Jazz, Louis Armstrong (1965), der schwarze Opernsänger Paul Robson und Helden der Weltraumeroberung wie Juri Gagarin (1963) zu den Gästen des seit 1905 existierenden Spitzenhotels, so folgten Willy Brandt weitere Spitzenpolitiker aus der Bundesrepublik – zum Beispiel Franz Josef Strauß (Ministerpräsident von Bayern), Theo Weigel (Finanzminister der Regierung Helmut Kohl) und Gerhard Stoltenberg (Ministerpräsident von Schleswig-Holstein). Waren sie alle nur die Vorboten der Wiedervereinigung nach 1989?

Die „Keksrolle" im Volksmund: Jenas sozialistisches Wahrzeichen

In der Geschichte der DDR entstanden (neben mehreren Fernsehtürmen, u. a. in Berlin und Dresden) lediglich zwei Hochhäuser, die alle herkömmlichen Höhenmaße sprengten: Das reißzahnähnliche Gebäude der Karl-Marx-Universität in Leipzig und der Rundzylinderbau in Jena. Eindeutig war die Symbolkraft des runden Turms: Das Zentrum der Hochtechnologie Thüringens sollte weit über den Talkessel hinaus ragen, sollte wie ein Kirchturm der neuen Zeit Selbstbewusstsein und Stolz der Erbauer und Nutzer ausdrücken. Die alten Katen in der Stadtmitte dagegen wurden verachtend in den Orkus versenkt – Walter Ulbricht und seine Genossen aus dem ZK in Berlin wollten es so, der Partei-Diktator mit der sächselnden Fistelstimme hatte es anlässlich seines Besuches 1968 selbst so entschieden. Innerhalb von

Der Uniturm in Jena

zwei Jahren wurde das eigentlich für die Forschung des benachbarten VEB Carl Zeiss Jena bestimmte 26-geschossige
Bauwerk mit einer Höhe von 132 m und 34 m Durchmesser
erbaut. Als es fertiggestellt war, wusste der ostdeutsche
Urgründer des weltbekannten Unternehmens „Carl Zeiss"
in Jena dann doch nichts damit anzufangen und „schenk-
te" es der Universität, die es bis 1990 auch nutzte. Über die
ersten Entwürfe des Architektenkollektivs wurde sowohl
gestritten als auch gelästert: Die bizarren Entwürfe des
DDR-Stararchitekten Hermann Henselmann wurden dann
schrittweise reduziert. Dem Turm, auf zweigeschossigem
Sockel und kupferner Bekrönung mit Rubinglasfenstern,

der mit Bullaugenfenstern auf die einheimische optische Industrie hinweisen sollte – wurden aus Kostengründen die Extras gestrichen. Immerhin war die Beton-Gleitschalung und die Fassadenverkleidung aus emailliertem Aluminiumblech ein Novum in der sozialistischen Architektur der DDR. Umgeben war der Turm-Fuß von einem zweigeschossigen Flachbau mit Café, Weinrestaurant und Bücherei, alles ergänzt von künstlerischer Wandgestaltung im Stil der DDR der siebziger Jahre, Reliefkupfertüren und einer Plastik vor dem Haupteingang.

Die Bevölkerung reagierte auf den Leuchtturm als Zeichen des Sieges des Sozialismus so wie in Diktaturen üblich: staunend, stolz und abfällig. Kaum war der sozialistische Wolkenkratzer über die Höhe der einheimischen Kirchtürme gewachsen, bekam er sein volksmundiges Fett weg: „Keksrolle" nannten ihn die Einheimischen respektlos. Ob der ebenfalls benutzte Kosename „penis jenensis" dem Witz und vulgarisierten Lateinkenntnissen von Medizinstudent(inn)en entsprang, ist durchaus vorstellbar.

Die Spur der Steine des „Chefarchitekten der DDR" in Thüringen

Hermann Henselmann, geboren 1905 in Roßla im Harz, gest. 1995 in Berlin, hat nicht zufällig auch in den Thüringer Bezirken Zeugnisse seines ideen- und facettenreichen Architektenlebens hinterlassen. Nach seiner in der NS-Zeit gebrochenen Biographie wurde der in Berlin ausgebildete Architekt 1945 Kreisbaurat in Gotha und von 1945 bis 1949 kommissarischer Direktor der Staatlichen Hochschule für Baukunst und Bildende Kunst in Weimar. Als SED-Genosse der ersten Stunde (1946) übernahm er führende Verantwortung für den Neuaufbau der deutschen Trümmerlandschaften; bis Ende der 1940er Jahre vorerst mit Projekten für Neubauernhöfe und Kulturhäuser – auch im Land Thüringen (Entwürfe für z. B. das Landkulturhaus in Gießübel, Kreis Hildburghausen, einen Arbeiterklub in Niederschmalkalden und Wohnbauvarianten für die Maxhütte und Unterwellenborn). Nach seinem Weggang aus Weimar bestimmte Henselmann mit seinen Formkonzepten wesentlich über mehrere Jahrzehnte das Bauen und die Architektur im sozialistischen Staat: Z. B. wurde das Berliner Hochhaus Weberwiese zum architektonischen Leitbild für die Stilphase der „Nationalen Traditionen" in den 1950er Jahren. Als Leiter der „Bauwerkstatt I" leitete Henselmann große Entwurfskollektive, in

Hermann Henselmann

denen markante Projekte entstanden, die trotz der beteiligten Kollektive allein mit seinem Namen verbunden werden. Als Chefarchitekt im Institut für Stadtbau und Architektur der DBA (1966–1970) entwarf er für mehrere Großstädte des Landes zum Teil spektakuläre Hochhausprojekte, die für die Tendenz der „Bildzeichen-Architektur" standen – für den Betrachter lesbare Hinweise auf den Inhalt der Gebäude. In diesem Zusammenhang entstand auch die zylindrische Röhre, die das Bild eines Fernrohrs und damit die optische Industrie in Jena assoziieren sollte. – Dass Hermann Henselmann 1970 von der HAB Weimar die Ehrendoktorwürde als Dr.-Ing. h. c. verliehen bekam, erscheint vergleichsweise angemessen und bescheiden. Hier sei noch auf die Spuren seiner Entwürfe in den Kapiteln II und III verwiesen.

Spuren von Opposition: neues Denken und junge Opposition in Jena

Es mag an der Tradition liegen, die in der alten Universitätsstadt in der Luft zu liegen scheint: Die rebellischen

Charaktere des „Sturm und Drang" und der jungen Früh-romantiker, die sich über Schillers „Glocke" und den alten Vater Goethe lustig machten ... da lag schon 150 Jahre vor der DDR Spannung im engen Tal der Saale. Aber Goethe als souveräner Großkopf und weiser Fürstendiener kam damit gut zurecht – auch wenn das Weggehen oder gar die Flucht der Widersacher schon damals die Konflikte zudeckte und beendete. Mit den neuen „Herren", und das waren die Funktionäre der „Diktatur der Arbeiterklasse" ja auch, lief das nicht anders: Wer nicht brav zustimmte, wurde nicht gelitten. In den 1970er Jahren wirbelten in Hirnen und Herzen der jungen, nach 1949 geborenen Generation, die aus dem Westen ausgesandten Fanfaren des Widerspruchs gegen die (Groß-)Väter im eigenen Land, gegen die starr-sinnigen Militaristen in Washington ebenso wie in Moskau: Kriege in Vietnam und im Nahen Osten rüttelten auf, und am nächsten lag den Sensiblen das gnadenlose Zertreten der Flämmchen von Revolution im benachbarten tsche-choslowakischen Land. Es war nicht verwunderlich, dass sich gerade an der „Voll-Universität" in Jena Widerspruch sammelte: hier lebten Studenten aller Fachrichtungen dicht beieinander, hier gab es rege Kommunikation von politisch interessierten Naturwissenschaftlern, die ihr fachliches Selbstwertgefühl nicht von wenig geachteten Dozenten des obligatorischen Marxismus-Leninismus trüben ließen. Hier gab es eine geachtete Evangelische Studentengemein-de, in deren Räumen ganz anders diskutiert werden konnte als in den bei politischen Problemlagen flugs einberufenen FDJ-Versammlungen; und vor allem gab es gerade in span-nungsvollen Monaten die Verbindung und den Austausch zu spontan und locker agierenden Lehrlingen in den hoch-technologischen Betrieben, die nur ihre Lehrausbildung zu verlieren hatten. Dass die große Masse nicht aufbegehrte, kann heute nicht als Argument dafür verwendet werden, dass sich doch wohl die meisten Bürger in der DDR ordent-lich eingerichtet hatten: Widerspruch und Opposition ge-hören zum menschlichen Leben wie das Salz in der Suppe, von alters her.

Der Psychologiestudent Jürgen Fuchs, der aus Reichenbach im Vogtland stammte, saugte bereits als Schüler eine Mischung aus Poesie (Reiner Kunze) und Politik (Friedrich Nietzsche) in sich auf. Bei der NVA brauten sich poetische Gewitterwolken von politischem Widerspruch in dem hochbegabten jungen Menschen zusammen, die während seines

Jürgen Fuchs

Psychologiestudiums (um das er ringen musste) zu einem kreativen Regen führten. Sein sensibles Denken regte seine Freunde an; die „zuständigen" Denkfunktionäre regte es aber auf. Der verwegene Weg, den er auf Anraten der hauptstädtischen Regimekritiker Robert Havemann und Wolf Biermann einschlug – über eine Kandidatur zur SED-Mitgliedschaft Veränderungen der DDR-Gesellschaft in Angriff zu nehmen – wurde von den stets „standpunktfesten" Altgenossen schnell verstellt. Und noch während die ersten Gedichte aus seiner Feder gedruckt wurden, landete eine personelle Hoffnung für künftige kritisch-kreative Gestaltung des sozialistischen Staates vor der Disziplinarkommission der Universität Jena: Friedrich Schiller hat sich vielleicht an diesem 17. Juni 1975 im Grabe umgedreht ...

Jürgen Fuchs wurde zu einem Idol der Jenaer und später der gesamten DDR-Opposition. Es war ihm nicht vergönnt, in der historischen Landschaft von 1949 bis 1990 in Thüringen tiefe, bleibende Spuren zu hinterlassen, vielleicht als Hochschullehrer an seiner Universität (seine Diplomarbeit war bereits vor der politischen Zwangsexmatrikulation mit „Sehr gut" bewertet worden). Für ihn und seine Vorläufer und Nachfolger im Kreis der Thüringer und DDR-Opposition wurde (erst) im Jahr 2011 mitten in Jena eine Gedenkstätte eingeweiht, die bedeutende Namen von Gegnern der SED-

Diktatur aufführt. Für die poetisch-politische Haltung von Jürgen Fuchs steht hier eines seiner Gedichte:

Diese Angst

Auf halber Zeile
Daß mein Stift
Zerbricht
Bevor alles gesagt
Und
Wer hört mich
Wenn ich schweige

Jürgen Fuchs

Jürgen-Fuchs-Erinnerungsstele im Thüringer Landtag • Jürgen-Fuchs-Str. 1, 99096 Erfurt • http://www.thueringer-landtag. de • Denkmal für die Verfolgten 1945–1989 • Wiesenfläche an der Kreuzung Gerbergasse/Saalbahnhofstraße • 07743 Jena • www. jena.de

Fortschritte in der Abwärtsbewegung

Nach dem dritten bedeutenden innenpolitischen Einschnitt der DDR-Geschichte im November 1976, der von allen Seiten erst in seiner tiefen *Nach*wirkung begriffen wurde – die Ausbürgerung des Liedermachers Wolf Biermann und deren destruktive Folgen für Literatur, Kunst und Geist – ging es mit dem Gesamtsystem Realsozialismus „kontinuierlich" (eines der Schlagworte der Propagandisten) bergab. Dem widersprach auch nicht die Tatsache, dass sich sowohl der politische als auch der wirtschaftliche Bereich der Gesellschaft noch jahrelang am Leben hielten. Sogar der „Klassengegner" im größeren Teil Deutschlands sorgte mit Handel und Wandel und Milliardenkrediten dafür. Es ist im Nachhinein besonders interessant, welche Spuren das letzte Jahrzehnt (noch) hinterließ, was im langsamen Niedergang des Ganzen an Teilleistungen (noch) *entstand* und den Bestand bis 1990 einigermaßen sicherte.

Die DDR-Wirtschaft lag (entgegen ihrer eigenen propagandistischen Berechnungen) 1984 ungefähr an 18. Weltstelle beim Bruttosozialprodukt pro Einwohner, also vergleichbar mit Kanada oder Japan; das war ca. 80 % des Wertes der Bundesrepublik. Allerdings müssen die Pro-Kopf-Werte des BSP durch die Berücksichtigung des höheren Erwerbsgrades der Bevölkerung relativiert werden: In der DDR wurden im Vergleich zur BRD je Beschäftigten nur zwei Drittel erwirtschaftet, d.h. die Arbeitsproduktivität war um ein Drittel niedriger. Andererseits konnte seit Anfang der 1980er Jahre auch ein Vorteil auf DDR-Seite festgestellt werden, wenn man Wirtschaftswachstum und Beschäftigung als Kriterium anlegte. Der rapide angestiegenen Arbeitslosigkeit im Westen stand in den achtziger Jahren eine weitere Zunahme der Beschäftigungsquote im Osten Deutschlands gegenüber.

Die bescheidenen Arbeits-Paläste der SED-Führung

Die Sozialistische Einheitspartei Deutschlands beharrte in den vierzig Jahren DDR-Geschichte auf ihrer alleinigen Führung; und so bitter das klingen mag: Gerade der Alleinvertretungsanspruch der herrschenden Partei zerstörte die „Einheit" zwischen Volk und Funktionären, deren Realisierung ohnehin nur die Behauptung der Führenden war. Eine reale Wahrheit zeichnete sich in den achtziger Jahren klar ab: Die ältere Generation der Staats- und Bezirks- und Kreisleiter übergab ihre Macht nur an die *angepassten* Jüngeren, an die Nachbeter und damit gesellschaftlich unproduktiven Nachfolger. Der Staffelstab der alten Kommunisten und Sozialisten geriet in die falschen Hände – auch wenn neue Gebäude und Gelände besetzt wurden.

Mitten in Gera zelebrierte sich die Bezirksleitung der SED um das Jahr 1977 den „Leninpark", eine großzügige Freiflächengestaltung mit ovaler Grünfläche, tangierenden Bepflanzungsbeeten, Plattenwegen und einer Pergola aus Beton (!). In der Fußgängerzone errichtete man in Stahlbeton-

Die Bezirksleitung der SED in Gera

bauweise das schmucklose, kantige Gebäude der BL der SED, dazu eine Bildungsstätte mit Konferenzsaal und gegenüber dem Eingang ein Lenindenkmal in Bronze (1974–1977). Das Gesamtensemble aus Beton, Glas und Grünfläche konnte man im Vergleich zu Bauten der fünfziger Jahre durchaus als leicht, gelungen und angemessen bezeichnen – und auch als zukunftsfähig oder „nachhaltig", wenn man auf das Wachsen der Bäume hoffte. Die „Revolution" und ihre daheimgebliebenen Kinder hatten sich ohne Zweifel auch in den Thüringer Bezirken eingerichtet – und dem einen oder anderen gelang noch vor dem bitteren Ende der Sprung in die Hauptstadt Berlin.

Biographien von erfolgreichen Politikern in der zweiten Hälfte der DDR-Zeit begannen auch in den Thüringer Bezirken und führten durch thüringische Bildungsstätten – an erster Stelle selbstverständlich durch die Jenaer Universität. Immerhin konnte man dort auch „Jura" studieren, was unter sozialistischer Ägide als „Sektion Staats- und Rechtswissenschaft" bezeichnet wurde. Das zielführende Ergebnis eines solchen Studiums bot die traditionelle Möglichkeit im juristischen Alltag: Macht. Manchmal führte ein Studium der „Rechte" oder der marxistisch-leninistischen „Philosophie" auch zu innen- oder außenpolitischer Macht. Zum Beispiel:

Steile Staatsfunktionärs-Karrieren
Thüringer Politik-Talente

Michael Kohl, geboren 1929 in Sondershausen (Thüringen); Vater Rechtsanwalt und Notar; 1948 Eintritt in die SED, 1948–1952 Studium der Rechtswissenschaft an der FSU Jena; 1952–1961 Lehr- und Forschungstätigkeit in Völker- und Staatsrecht, 1956 Promotion zum Dr. jur. in Jena; 1958–1963 Abgeordn. des Bez.-Tags Gera; 1961–1965 Abt.-Ltr. und Kollegiumsmitglied im Ministerium für Auswärtige Angelegenheiten; 1965–1973 Staatssekretär beim Ministerrat; Verhandlungsführer in den Passierscheingesprächen mit dem Senat von Westberlin und in den Verhandlungen zum Transitabkommen, zum Verkehrs- und Grundlagenvertrag DDR – BRD usw.; 1973 Minister und Bevollmächtigter Botschafter;

1974–1978 Leiter der Ständigen Vertretung der DDR in der Bundesrepublik Deutschland; 1976–1981 Kandidat des ZK der SED; 1978 stellv. Außenminister der DDR. – Michael Kohl starb 1981.

Michael Kohl

Literaturgeschichtliches Postscriptum: Nachzulesen in den Lebenserinnerungen des Leipziger Schriftstellers Erich Loest („Die Stasi war mein Eckermann oder: Mein Leben mit der Wanze") ist das Gesellenstück Kohls um das Jahr 1960. Als Loest im berüchtigten Knast in Bautzen als politischer Häftling einsaß, versuchte sich der Dr. jur. aus Jena „rührend" um dessen Gattin „zu kümmern"; er war auf die Frau des hinter Gittern und Mauern wehrlosen Schriftstellers als Spitzel angesetzt.

Wolfgang Herger wurde 1935 in Rudolstadt (Thüringen) geboren; sein Vater war Arbeiter. Nach Oberschule, Abitur und selbstverständlicher FDJ-Mitgliedschaft 1953–1958

Wolfgang Herger

Studium an der FSU Jena: Dipl.-Phil.; 1957 SED, 1958–1962 Assistent am Inst. für Philos. der FSU; 1961/62 Mitgl. der Institutsparteiltg. der SED; 1963/64 1. Sekr. der FDJ-KL Jena-Stadt; 1963 Prom. zum Dr. phil. über ethische Fragen; 1964–1971 Sekr. u. 1971–1976 2. Sekr. des ZR der FDJ; 1971 bis März 1990 Abg. der Volkskammer, 1976–1989 Mitglied des ZK der SED – und 1985–1989 Leiter der Abt. Sicherheitsfragen im ZK der SED: Das sollte später noch Folgen haben. Für die Zeit nach dem Zusammenbruch des Sicherheitssystems verzeichnen die Biographen u. a.: 1989/90 Mitarbeit im Parteivorstand der SED/PDS, erwerbslos, Pförtner, Mitarbeiter in Handelsgesellschaften und andere ungenaue Berufsbezeichnungen. – Am 24.7.1998 wird er wegen „Beihilfe zum Totschlag" durch das Landgericht Berlin zu einer Bewährungsstrafe verurteilt.

Beton-Dome der Verdauung: Der Mensch lebt nicht vom Brot allein

Dass die Partei- und Staatsführung der DDR ihre Bevölkerung satt gekriegt hat, ist keine offene Frage: In keinem Wirtschaftsbereich waren die Erfolge so groß wie in der reformierten Landwirtschaft. In den achtziger Jahren konnten die Bauern (die inzwischen kaum noch als Einzelbauern, aber auch nicht mehr als Genossenschaftsbauern bezeichnet werden konnten) auch die Billigmärkte in der Bundesrepublik beliefern: Selbstverständlich unter den Herstellungspreisen, um Devisen zu erwirtschaften, mit denen für die Parteibonzen, weitere privilegierte Schichten und mit den

Großsilo in Erfurt

letzten Resten für die übrige Bevölkerung Südfrüchte und
mehr oder minder nötige Luxusgüter eingeführt wurden.
Die Landwirtschaft der DDR flutschte, weil deren Struktur
„per ordre mufti" seit Mitte der sechziger Jahre noch einmal wesentlich effektiver gestaltet wurde. In der Periode
des Übergangs zur Großraumwirtschaft mit industriemä-
ßiger Produktion auf der Grundlage höherer Arbeitsteilung
und Kooperation wandelten sich Ziele und Methoden während langjähriger Auseinandersetzungen in der Partei- und
Wirtschaftsführung. Die Umgestaltung der Landwirtschaft
konnte nur in Form praktischer Experimente durchgeführt
werden, denn es gab dafür (auch in der Sowjetunion) kein
Vorbild. In der Endphase – nach dem IX. Parteitag 1976 –
wurden LPG (T) gebildet, die keine zusammenhängenden
Einheiten (wie die Pflanzenbaubetriebe) darstellten, sondern aus mehreren Stallanlagen in mehreren Dörfern sowie
einigen zentralen Futtersilos bestanden.
Durch die neu errichteten Großanlagen wandelte sich auch
die thüringische Landschaft. Wie riesige Dome aus Beton
ragten die Silos der Kraftfuttermischwerke aus den Ebenen.
Das Großprojekt in Niederpöllnitz bei Gera wurde zwischen
1972 und 1980 objektweise in Betrieb genommen. Der realisierte Entwurf von Wolfgang Roth und Norbert Romers
meldete „Lagerung und Bearbeitung von 120 kt Getreide in

96 Rundsilos und 63 Zwickelzellen von 48 m Höhe". Zum riesigen Stahlbetonleitbau mit sichtfertiger Außenfläche gehören auch ein Maschinenhaus in Stahlbetonskelettmontage mit Vorhangfassade, ein sechsgeschossiges Mehrzweckgebäude für Sanitär- und Sozialeinrichtungen, Labor und Verwaltung sowie ein Anbau mit Küche und Speisesaal – wie üblich mit ornamentaler Wandgestaltung.

Die Kälberaufzuchtanlage in Frießnitz wurde um das Jahr 1977 gebaut. Sie bot 3.200 Plätze in zwei kompakten Stallgebäuden, ein Futterhaus in Stahlbetonskelettmontage 0,8 Mp sowie Sozial- und Nebengebäude in monolithischer Bauweise; dazu die auffälligen acht Hochsilos aus Betonformsteinen mit Stahlumwehrung. Typisch für alle landwirtschaftlichen Projekte in den Dörfern und auf dem Lande war die gleichzeitige Ergänzung durch das Errichten sozialer und kultureller Einrichtungen, ein wichtiger Teil der politischen Strategie der SED im Arbeiter- und besonders eben auch im Bauern-Staat. (Vgl. dazu Kap. II)

Land-, Forst- und Fischwirtschaft und Umwelt in den achtziger Jahren

In den drei Thüringer Bezirken knüpfte die Landwirtschaftspolitik an die traditionellen Bereiche an: Im Thüringer Becken, Werragebiet und zwischen Harz und Kyffhäuser gab es durch gute Böden hohe Erträge an Weizen, Gerste und Zuckerrüben. Im Thüringer Wald wurden die waldfreien Teile für Grünlandwirtschaft und Kartoffelanbau genutzt, in der Rhön lag die Viehhaltung über dem Durchschnitt. Das ostthüringische Schiefergebirge konnte den höchsten Rinderbesatz der gesamten DDR vorweisen; die Staatsgüter betrieben überwiegend Viehhaltung. Zwei „Kombinate Industrielle Mast" (KIM) in Wandersleben und Hermsdorf versorgten fast alle thüringischen Städte mit Frischeiern; im KIM Wandersleben (Kreis Gotha) waren auf 60 ha Fläche 30 Hallen gruppenweise verteilt, in denen sage und schreibe 750.000 Hennen Eier legten. Im Obst- und Gemüseanbau und in der Blumenzucht konnte man die Erfahrungen von Jahrhunderten beerben, auch wenn viele der Gärtnereien inzwischen verstaatlicht bzw. genossenschaftlich betrieben wurden, wie im traditionellen Gartenbaugebiet Erfurt. Die Fischzucht wurde ebenso intensiv betrieben (z. B. in Plothen bei Schleiz) wie die Jagd – beide hatten versorgungswirtschaftliche Bedeutung.

Trotz aller innerthüringischen Unterschiede konnte die sozioökonomische Struktur der drei Bezirke als relativ „gesund" bezeichnet werden: In der Landwirtschaft arbeiteten (in den achtziger Jahren) knapp 10 % der Berufstätigen, im industriellen Sektor 53 %. Durch diese ausgewogenen, mittleren Verhältnisse, ohne große Ballungsgebiete wie z. B. in Sachsen, kam es nur punktuell zu Gegenden wirklich bedrohlicher Umweltverschmutzung oder -zerstörung. Der hohe Anteil an Wald, an Mittelgebirgen und Flüssen, im Zusammenklang mit der großen Zahl von kleinen Orten, auf die sich die Bevölkerung über Thüringen verteilte, bewahrte die Landschaft und die Menschen vor größeren Belastungen durch die „modernen" Boden- und Luftverschmutzungen. Freilich wurden die Böden ebenso überdüngt wie in anderen Bereichen intensiver Landwirtschaft. Natürlich waren die Winter in Großstädten in Tal-Lage, wie Gera und Jena, vom Smog aus Braunkohlen-Heizung und stinkenden Benzinabgasen aus Zweitakt-Kraftfahrzeugen gesundheitsschädlich und in bestimmten Wetterlagen für alte Menschen und Kinder schwer erträglich. Da diese Umweltbelastungen von den Zuständigen nicht aktiv bekämpft werden konnten – dazu fehlten ökonomische, finanzielle als auch technologische Mittel – musste es notgedrungen in den 1980er Jahren zur Konfrontation mit reformwilligen Kräften in der Bevölkerung kommen. Und es musste zur Verschärfung der Konfrontation kommen, weil die Partei und die ihr hörigen staatlichen Vertreter systematisch versuchten, die zukunftsbedrohenden Probleme kleinzureden, zu vertuschen, zu beschönigen. Es schien innenpolitisch wie immer zu laufen – aber im Zusammenhang mit der Umweltproblematik gab es zwei wesentliche Unterschiede: Zum einen gelang es den führenden Genossen nicht mehr, die Schuld an allem auf die „Imperialisten in der BRD" zu schieben (deren Sorgen mit dem gleichen Problem kannten die DDR-Bürger aus den Westmedien); zum anderen war die Umweltzerstörung ein neuer, in der Gegenwart entstandener Konflikt, der als Phänomen besonders die Zukunft der nächsten Generationen betraf. Daher war es nachvollziehbar, dass sich eine bunte Mischung aus Christen und Sozialisten, Frauen und Männern, Arbeitern und Angestellten, Lehrlingen und Studenten in einer Umweltbewegung engagieren wollte – von unten, selbstbestimmt, emanzipatorisch also. Die „Partei" aber wollte, wie immer, oben bleiben und dort auch Recht behalten. Es ergab sich daher seit Mitte der achtziger Jahre eine Schere zwischen der etablierten Staatsmacht und den sich emanzipierenden Bürgern, die sich nicht mehr bevormunden lassen wollten – kein Wunder nach mehr als 30 Jahren ideologischer und auch juristischer Diktatur. So brachen „DDR-Wutbürger" in frei organisierten Gruppen auf und suchten und fanden die ihnen angemessenen Organisationsformen – nicht ohne Widerstände und Manipulationsversuche, nicht ohne Konflikte, Verfolgung und Kämpfe.

Aktiv gegen radioaktive Belastungen: Recherchieren, analysieren und öffentlich machen

Über die Grenzen des regionalpolitisch Erlaubten ging gegen Ende des SED-Staates der einfache, bescheidene Pfarrerssohn Michael Beleites aus dem Grenzgebiet der Bezirke Gera, Karl-Marx-Stadt und Halle hinaus. Geboren 1964 in Halle (Saale), wuchs er in Trebnitz bei Zeitz auf und erlernte danach den seltenen Beruf eines Präparators in Gera und Berlin (1981–1983). Zu einem Studium wurde er nach Einspruch des MfS nicht zugelassen, weil er sich seit 1982 in kirchlichen Friedens- und Umweltgruppen engagierte. Seine Biographie setzte sich im Unterschied zu SED-Funktionärskarrieren so fort: 1983 Mitglied der Leitung des Landesjugendkonvents der Ev. Kirche der Kirchenprovinz Sachsen; im Mai 1984 Initiator des Umweltgottesdienstes in Bitterfeld-Wolfen, der ersten Protestdemonstration gegen Umweltzerstörung in der mitteldeutschen Chemieregion; im September 1984 Mitorganisator des Meininger Friedensgottesdienstes; seit 1986 illegale Recherchen zu den ökologischen und ge-

Michael Beleites

sundheitlichen Folgen des Uranabbaus der SDAG Wismut. Da hatte also ein junger DDR-Bürger christlichen Glaubens den Kampf aufgenommen um die Verbesserung des Lebens in seiner Welt – ohne Rücksicht auf sein eigenes Fortkommen, und dass er dabei ein großes Risiko einging, das war ihm bekannt. Beleites war aber nicht allein, er agierte bei seinen Recherchen zwar als Einzelkämpfer, seine ökologisch-politischen Ziele nahm er aber mit Gleichgesinnten in Angriff. Auch von Restriktionen ließ er sich nicht zermürben: Seit 1987 verhängten seine staatlichen Gegner Auslandsreisesperre und wiederholtes Berlin-Verbot. Dann aber zeigten sich die Erfolge seines Engagements: 1988 hielt er den Vortrag „Uranbergbau in der DDR" auf der 1. Ökumenischen Versammlung in Dresden; im Juni desselben Jahres wurde von der evangelischen Kirche seine Dokumentation „Pechblende – Der Uranbergbau in der DDR und seine Folgen" veröffentlicht. Michael Beleites kann man mit Recht einen „Pionier" der ostdeutschen Umweltbewegung nennen. In Gera hatte er in den Jahren bis 1989 seinen Wohnsitz, dort wurde er von den Mitarbeitern der Staatssicherheit verfolgt, und dort wurde er im Dezember 1989 Mitglied des Geraer Bürgerkomitees zur MfS-Auflösung. Sein weiterer Lebensweg kann als exemplarisch für eine selbstlose und sozial engagierte Persönlichkeit in der Zeit vor, während und nach der Friedlichen Revolution gelten.

Rückzüge in die Betonburgen der verunsicherten „Sicherheit"

Auf dem Gebiet der ehemaligen drei Thüringer Bezirke gab es, das war logisch, drei Bezirksverwaltungen des Ministeriums für Staatssicherheit der DDR. Und während die aufgeblähte DDR-Staatsmacht mit ihren quasi doppelten Verwaltungsstrukturen aus SED-Parteiapparaten (Bezirks- und Kreisleitungen sowie Sonderleitungen, wie die der „Wismut") und Staatsapparaten (Bezirks- und Kreisräte; Bezirks- und Kreistage sowie Sondergremien), nicht zu reden von all den weiteren, unproduktiven Verwaltungs- und Vertretungsstrukturen, nahezu hilflos dem wirtschaftlichen, ökologischen und auch kulturellen Niedergang des Landes DDR zusehen musste, baute das MfS in Gera seine räumliche und optisch öffentlich sichtbare Großmacht aus. Schon bei der Einfahrt von Norden her in das breite Tal der Weißen Elster beeindruckte ein für Thüringer Verhältnisse riesiger Gebäudekomplex, ein Großbetrieb sozusagen, der eine bedeutende Fläche einnahm. Gegen den im Oktober 1986 von der BV Gera des MfS bezogenen Objekt-Komplex wirkten die benachbarten Villen vom Anfang des 20. Jahrhunderts und das nicht weit entfernte Jugendstil-Juwel der Bühnen der Stadt Gera wie verlorenes Spielzeug aus einer vergangenen, verspielten Epoche. Die damals an die 500 dort beschäftigten Theaterleute konnten einem leidtun im Vergleich zur Übermacht derer, von denen sie „abgesichert" werden sollten.

Beim großen *politischen* Spektakel nur drei Jahre später, im November 1989, marschierten viele Theaterleute mit rebellischen Geraer Bürgern

Der Sitz des MfS in Gera

mit. Die mit Dienstgraden bedachten Mitarbeiter aus dem gewaltigen Gebäudekomplex der Stasi dagegen duckten sich vor den Papplosungen „Keine Gewalt!" und „Wir sind das Volk!" hinter den Scheiben ihrer modernen Betonburg ab: Befehl Feierabend. Im Herbst 1989 waren in der Bezirksverwaltung Gera des MfS ca. 2.380 Mitarbeiter tätig: In der „Burganlage" am Rande und in anderen Gebäuden Geras, in denen sie schon Jahrzehnte zugange waren, in denen hunderte DDR-Bürger vernommen, befragt, verhört und erpresst wurden. Einer von ihnen, der 24-jährige Matthias Domaschk aus Jena, kam in einem dieser vergitterten Dienstzimmer 1982 ums Leben. Nach Version der MfS-Leute soll er sich sein junges Leben selbst genommen haben – von seinen Freunden draußen war niemand bei ihm.

Gedenkstätte Amthordurchgang e. V. • Amthordurchgang 9 • 07548 Gera • Tel.: 0365/5527630 • www.torhaus-gera.de • Di., Do., Sa. 14–18 Uhr und nach Vereinbarung

Die Geschichte urteilt janusköpfig: Hat die Arbeit der Staats-Sicherer den Staat sicherer gemacht? Hat die DDR durch die Tätigkeit des MfS einige Jahre länger existiert, als es durch eine motiviert arbeitende Bevölkerung möglich gewesen wäre? Oder hätte der Arbeiter-und-Bauern-Staat länger gehalten, wenn nicht tausende potentielle Arbeiter und Bauern als Angestellte in den Büroburgen ihre Arbeitskraft und Arbeitszeit in das Bewerten von Menschen und Biographien in graue Ordner verschleudert hätten?

Götterdämmerung 1989: In Erfurt machen mutige Frauen (DDR-)Geschichte

In Erfurt hieß der Leiter der BV des MfS Joseph Schwarz: Seine Musterkarriere führte von Prag 1932 über SED-Mitgliedschaft (1950), Eintritt in das MfS (1955), Fernstudium und Promotion zum Dr. jur. (Thema der Dissertation „Arbeit mit Führungs-IM") an der JHS Potsdam-Eiche 1982 an die Spitze der BV Erfurt. Dort wurde er am Vormittag des 4.12.1989 von einer Gruppe überzeugter Bürgerrechtler(innen) dazu gezwungen, mehreren Personen inklusive Staatsanwälten und Presseleuten Zugang zu seinem geheimen Reich zu gewähren. Mit dem typischen Ordnungssinn eines deutschen Aktenverwalters wollte Schwarz wissen, wer denn eigentlich „der Verantwortliche" für die Aktion wäre. Spontan meldete sich Almuth Falcke, ein Mitglied der Gruppe „Frauen für Veränderung" in Erfurt – einer Gruppe, die mutig die erste Besetzung einer Bezirksverwaltung des MfS in der DDR organisierte und in den Wochen darauf gemeinsam mit anderen friedlichen Revolutionären durchsetzte. So geriet der Name des Mannes, der im Dezember 1989 im Wege stand, nur durch den Mut einiger Frauen in die Geschichtsbücher: Die Namenlosen aber hatten in Erfurt und Thüringen Geschichte gemacht.

Gedenk- und Bildungsstätte Andreasstraße Erfurt • Andreasstraße 37a • 99084 Erfurt • Tel.: 0361/2192120 • www.stiftung-ettersberg.de • Di., Do. 12–20 Uhr, Fr.–So. 10–18 Uhr

Blick auf Plattenbauten am Erfurter Juri-Gagarin-Ring, 1979

SOZIALES
UND WOHNEN

Es war die große Vision von „Sozialisten" verschiedener Art, für die Bevölkerungsmassen bessere Lebensbedingungen zu schaffen – auch die „führende Partei" SED strebte dies an, an erster Stelle für die Arbeiter und Bauern, für die jahrhundertelang zu kurz Gekommenen. Den utopischen „Plan" einer sozial gerechten Welt verfolgten die politisch Mächtigen in der DDR besonders im ersten Jahrzehnt, das ist an den gebliebenen Zeugnissen von Architektur und Bautätigkeit noch heute abzulesen: Krankenhäuser, Sanatorien und Heilstätten in Thüringer Landschaft und Luft.

Besonders aber im Bildungswesen baute man um und auf: Bildung für alle, auch in neuen Schulgebäuden. Dass diese Bauten später zunehmend standardisiert wurden, wie auch die Bildungsinhalte, dass die Bildung insgesamt standardisiert wurde und die Schüler in ihren Lebenszielen und Berufswünschen normiert, waren wichtige Verfallssymptome eines erstarrenden Gesellschaftsmodells.

Noch deutlicher gibt der Wohnungsbau die negative Dynamik der zunehmend demotivierten DDR-Bevölkerung wieder: Der alte Traum ausreichenden und komfortablen Wohnraums für alle, hinkte neuen Träumen nach, und die Versprechen der Parteiführer liefen der Realität in der Wirtschaft hinterher, ohne Chance je ans Ziel zu gelangen. Die Planung hinterließ am Ende verfallende Innenstädte und Betonlabyrinthe an den Stadträndern – auch in den drei Thüringer Bezirken, wenn auch weniger als anderswo, wenn auch mit erfreulichen Ausnahmen.

Neue Schulen für Kinder aller Klassen und Schichten

Eine der ersten Schulen, die in Thüringen nach dem Krieg gebaut wurden, kann man auch als die erstaunlichste bezeichnen: Die POS „Friedrich Wolf" im Örtchen Ebersdorf (erbaut 1949–1953). So verwunderlich war der außergewöhnliche Bau aber wiederum doch nicht, da es in der ehemaligen reußischen Sommerresidenz schon ein schlichtes Schloss, eine Orangerie und ein von Ernst Barlach entworfenes Grabmal gab. Über zwei Jahrhunderte wurde Ebersdorf auch geprägt von einer Siedlung der „Brüdergemeine", u. a. mit Gebäuden zu Bet-, Schul- und Wohltätigkeitszwecken. Vielleicht gaben sich die neuen Herren des Schlossparks aus dieser kulturellen Tradition heraus besondere Mühe, die Architektur der neuen Schule sowohl in den landschaftlichen Rahmen einzubinden als auch besonders bildungs- und kinderfreundlich zu gestalten. Nach einem Entwurf des Erfurters Günther Hack wurde der Komplex der Lehrgebäude im Pavillonstil gehalten – einstöckige Flachbauten nach einem Schweizer Vorbild. Als Materialien verwendete man eine Kombination von Holz, Dachschiefer, Grünstein und Glas, also einheimische Baustoffe. Die kammartig angeordneten Gebäudeflügel ermöglichten daher Gartenteile für den Unterricht im Freien.

Grundschule im Park • Weg der Jugend 6 • 07929 Saalburg-Ebersdorf • www.grundschule-saalburg-ebersdorf.de

Ein ebenso ungewöhnlicher und in die bereits bestehende Kulturlandschaft eingeordneter Schulneubau, gelang dem Architekten Gerhard Haubenreißer 1950/51 in Tambach-Dietharz im Thüringer Wald. Von der geringen Größe des Grundstücks zur Anpassung gezwungen, ordnete man zwei schmale Hauptbaukörper im Winkel zur Straße an; ein flacher Zwischentrakt (Eingangs- und Pausenhalle) verbindet die beiden Teile. Die Abgeschlossenheit des dreiseitig umbauten Schulhofs gewährte Windschutz und „Intimität". In diesem Fall wurde mit dem örtlichen Granitporphyr als

Natursteinfassade und Schieferdeckung landschaftsbezoge-
nes Material gewählt, das zusammen mit den kleinteiligen
Glasflächen der Fenster Modernität ausstrahlte. Haubenreißer hat mit dem Schulkomplex am Anfang der 1950er Jahre
gezeigt, dass das Erbe des Weimarer Bauhauses in der DDR
bei Gesellschaftsbauten aufgenommen wurde.

Grundschule Tambach-Dietharz • Burgstallstr. 33 • 99897
Tambach-Dietharz

Dass zur selben Zeit auch ganz anders gebaut werden konnte, beweist der schmucklose Schulbau inmitten einer Wohnsiedlung im Nordosten Ronneburgs. Weder kann man das
Gebäude der gerade vorherrschenden „Nationalen Traditi-

Die Joliot-Curie-Schule in Ronneburg

on" zuordnen, noch einem stalinistischen „Zuckerbäcker-
Stil". Geographisch an der Grenze zwischen Thüringen und
Sachsen tendierte das stillose Bauwerk zu einer Grenzäs-
thetik zwischen einem Zweckbau der „armen" fünfziger
Jahre und kommenden Neubauschulen aus Betonfertigtei-
len. Wenn man Schulbauten als „hässlich" bezeichnen kann
oder müsste, dann die in den Jahren 1953–1957 errichtete
„Joliot-Curie-Schule" auf der Goethestraße in Ronneburg:
Glatt, grau und kantig. Ein Gebäude, das auf Kinder und Ju-
gendliche eigentlich nur abstoßend wirken konnte – trotz

(oder auch wegen?) des an der Wand des Vestibüls gezeigten Sgraffitos mit dem pathetischen Titel „Die Jugend besucht den Bergmann". Der gern drohend zitierte Spruch „Nicht für die Schule lernen wir" erhielt hier einen peinlichen Beigeschmack von täglicher Wahrheit – wer wollte schon gern in *dieser* Schule lernen?

Sanatorien für ausgelaugte Bergarbeiter in Berga (Elster) und anderswo

Aber auch der in Ronneburg beteiligte Günther Lempe konnte anderes entwerfen. Sicher waren die Umstände beim Bau der Karl-Liebknecht-Oberschule 1956 in der Kleinstadt Berga (ca. 4.000 Einw.) südlich von Gera günstiger. Insge-

Die Regelschule in Berga, ehemals Karl-Liebknecht-Oberschule

samt macht diese Schule einen freundlicheren Eindruck, das unterstrich die im Hof platzierte Inschrift „ex oriente lux" und das Sgraffito „Leben der Kinder". Vermutlich gab es mehr Spielraum bei der Gestaltung und mehr Geld, denn der kleine Ort wurde ausgebaut zu einem Wohnstandort für die bei der SDAG Wismut hart und gesundheitsgefährdet arbeitenden Kumpel. Zum 1956 erbauten (später in ein

Ferienheim entwickelten) Wohnkomplex gehörten ein sog. „Nachtsanatorium", eine Wohnsiedlung aus zwei- bis dreigeschossigen Typenbauten und die Gaststätte „Schöne Aussicht", die man von einem Hang im Südosten Bergas auch tatsächlich genießen konnte.

In dem Sanatorium konnten sich die in Schichtarbeit schuftenden Bergarbeiter medizinisch rundum behandeln lassen – ihnen wurden sozial beachtliche Erholungsmöglichkeiten geboten. So gab es im Hauptgebäude den Speisesaal, die Küche, eine Bibliothek, ein Musikzimmer sowie unterschiedlich nutzbare Aufenthaltsräume und Patientenzimmer. In den angegliederten Bauten befanden sich ein Kultursaal und medizinische Behandlungsräume. Das Muster dieser Form von Fürsorge für das „Proletariat" lieferten ähnliche Sanatorien in der UdSSR – das in Ostthüringen geförderte Uran wurde anfangs ausschließlich in das übergroße Bruderland exportiert, nicht zuletzt zum Bau von Atomwaffen.

Viel später (in den siebziger Jahren) errichtete die „Wismut" ein neues, größeres, moderneres Sanatorium in Bad Sulza an der Ilm – in dem Heilbad, wo die deutschen Nazis 1934 eines der ersten Konzentrationslager Thüringens in einem stillgelegten Hotel einrichteten. Das ehemalige Wismut-Sanatorium wurde in den 1990er Jahren zur „Toskana-Therme" aufgewertet.

Anschließen an jahrhundertealte Heilstätten-Tradition

Auch gegen schwere Volkskrankheiten wie die Tuberkulose, die in den Hunger- und Notjahren nach dem 2. Weltkrieg tausende Menschen befiel, versuchte das Sozial- und Gesundheitssystem der DDR alles Erdenkliche zu tun. In besonders günstig gelegenen Gebieten wurden große Heilstätten errichtet, die über die Krankenkassen auch einfachen und armen Leuten Kuren und damit Heilchancen ermöglichten. Das erste Projekt dieser Art wurde die Tbc-Heilstätte in Bad Berka, südlich von Weimar in einem größeren Wald-

gebiet gelegen. Planung und Bau dieses Großprojekts des jungen Gesundheitswesens der DDR Anfang der fünfziger Jahre liefen aber nicht ohne Konflikte ab, die aus einer unsinnigen ideologischen Ecke heraus geführt wurden. In der so genannten „Formalismus-Debatte", die neben anderen Kunstgattungen besonders die Architektur betraf, gerieten die ersten Entwürfe der Architekten Hanns Hopp und Joachim Sahl 1951 ins Visier der Architektur-Zensoren. Der Vorentwurf einer fast 350 m langen Zeile der Krankenzimmer auf einem lang gezogenen Bergrücken über dem Ilmtal wurde vom „Ministerium für Aufbau" abgelehnt. Danach wurde der Entwurf in der Meisterwerkstatt der neu gegründeten Bauakademie Berlin so überarbeitet, dass eine symmetrische, vierflügelige Gesamtanlage mit einem Ehrenhof entstand, viergeschossig in traditioneller Bauweise. Am Gesamtensemble im Südwesten des bereits seit 1813 als Heilbad anerkannten Ortes wurde bis 1958 gebaut – zu dieser Zeit war es die größte Lungenheilstätte in der DDR mit über 500 Betten, einem Kulturhaus und einem „Ledigenheim".
Zentralklinik Bad Berka • Robert-Koch-Allee 9 • 99438 Bad Berka

Meisterwerk des Krankenhaus-Baus

Nahezu zeitlich parallel wurde in der Meisterwerkstatt von Hanns Hopp ein Kreiskrankenhaus für Saalfeld geplant. Unter einem Dach sollten mehrere Gesundheitsbauten vereint werden, um so kurze Wege zwischen den Abteilungen zu ermöglichen. Das am Stadtrand Saalfelds über einem doppelkreuzförmigen Grundriss entstandene Gebäude bildet zwei große Hofräume. Auf der Eingangsseite steht in der Mittelachse ein Portikus, auf der Gegenseite öffnen sich die Loggien der Krankenzimmer mit filigranen Säulen. Der fünfgeschossige Hauptbaukörper wurde 1953–1955 nach Entwürfen des Kollektivs Hans Hopp, Werner Wolfram und Hubert Matthes in monolithischer Bauweise errichtet, mit Schieferdachdeckung. Bei der Einweihung waren die beiden Funk-

Die Agricola-Klinik in Saalfeld

tionen des Gebäudekomplexes als Kreiskrankenhaus mit 600 Bettenplätzen und einer Poliklinik vereint. Auch bei den Krankenhäusern wurde von Anfang an Kunst am Bau gefördert und ausgeführt: Im KKH Saalfeld z. B. die Eingangshalle mit Mosaiksäulen und Wandgestaltung; im Eingangshof mit der Bronzefigur „Mutter und Kind" von Alfred Priebe.

Thüringenklinik „Georgius Agricola" GmbH • Rainweg 68 • 07318 Saalfeld/Saale

Gestalter des Gesichts der Republik im ersten Jahrzehnt: Baumeister Hanns Hopp

Sein Name springt in den fünfziger Jahren bei vielen Bauprojekten in der DDR und auch in Thüringen ins Auge: Hanns Hopp. Geboren wurde er im Norden, in Lübeck, in Thomas und Heinrich Mannscher Zeit, 1890. Seine Berufslaufbahn klingt weitläufig deutsch: Kunst- und Architekturstudium in Karlsruhe und München; Architekt in Ostpreußen (Königsberg und Memel), in den 1920er Jahren bedeutende

Bauten dort: Flughafen, Handelshof, „Haus der Technik", Altersheim und Mädchengewerbeschule. Nicht vergessen werden sollte ein Ausflug 1923 nach Moskau, als Konsultant der ersten sowjetischen Landwirtschaftsausstellung. Nach Parkhotel, dem „Reichssender" und Wohnbauten in Königsberg vermeldet die Biographie ab 1933 keine öffentlichen Bauaufgaben mehr: Von den Nazis wurde er nicht beschäftigt, dagegen zeugt eine Widerstandsgruppe „Hertha" für einen Biographie-Abschnitt, den er ohne Schaden bis nach Dresden 1945 bewältigte.

1945 folgt ein steter Aufstieg in der SBZ, in den neuen Sozialismus: Großartige Pläne zum Wiederaufbau des Zentrums der völlig zerstörten Stadt, die nicht realisiert wurden. Von 1946 bis 1949 wird Hopp Direktor der Kunstschule Burg Giebichenstein in Halle (Saale), tritt auch in die SED ein. Nächste Schritte auf der Karriereleiter waren die Leitung einer Meisterklasse an der Bauakademie und von 1952 bis 1966 Präsident der Deutschen Bauakademie in Berlin.

Als Architekt prägte Hans Hopp stilistisch das Gesicht der neuen Republik: Anfangs bemühte er sich mit anderen Architekten (Hermann Henselmann) um die Erneuerung der vom Bauhaus geprägten Moderne in seinen Entwürfen. In den fünfziger Jahren beteiligte er sich dann aber federführend an staatlichen Aufträgen, die großenteils im neuklassizistischen Stil errichtet wurden: er entwarf z. B. zwei der Blöcke der Stalinallee in Berlin sowie die Hochschule für Körperkultur und Sport in Leipzig. Als wesentlich und typisch für sein Wirken werden in einschlägigen Architekturführern seine drei Großbauten in Thüringen hervorgehoben, die seinen Weg vom Baukünstler zum Komplexprojektanten beschreiben: Beteiligung am Kulturhaus der Maxhütte in Unterwellenborn (1951–1955), die Tbc-Heilstätte in Bad Berka und das Agricola-Krankenhaus in Saalfeld (s. o.). Die drei Gebäudekomplexe können damit für die Architektur und das Bauen in der Frühphase der ganzen DDR als exemplarisch und repräsentativ gelten – auch weil sie sich am sozialistischen Ideal einer menschenfreundlichen Sozial- und Kulturpolitik orientierten und sich ihm näherten.

Neue Bildung in neuen Schulgebäuden Ende der fünfziger Jahre

Ende der 1950er Jahre versuchte man der neuen Bildungspolitik auch mit Schulbauten in einem neuen, hellräumigen
und klaren Stil zu entsprechen. Ein Beispiel dafür war der von
Heinrich Rettig und Hans Wenzel entworfene Schulkomplex
in Gräfentonna (1957–1960). In seinem zweigeschossigen
Hauptbau befindet sich (außer den Normalklassen) das
gesamte Raumprogramm: Die Turnhalle (im Erdgeschoss),
ein Zeichensaal, der „Pionierraum" sowie Fachräume und
Bibliothek. Die zentrale, zwei Geschosse einnehmende Aula
(„Festsaal") mit stirnseitigen, raumhohen Fenstern strahlte,
wie in früheren neoklassizistischen Schulbauten, eine erha-
bene, fast sakrale Atmosphäre aus, obwohl der Gesamtstil
des Gebäudes mit seinem wuchtigen Satteldach eher dem
heimatlichen Charakter Thüringens entsprach. Dagegen im
Kontrast standen die zwei versetzt angeordneten Klassen-
trakte, Pavillons mit jeweils 16 Klassenräumen. Der Schulkomplex in Gräfentonna konnte als Modellprojekt für einen
neuen sozialistischen Schulbau gelten.

Regelschule Gräfentonna • Fahnerscher Weg 1 • 99958 Gräfentonna

Südansicht der Schule von Gräfentonna

Musterbauten nicht für Musterschüler: Sondershäuser Oberschule

Etwa zur gleichen Zeit wurden an der Hochschule für Architektur und Bauwesen im nahen Weimar ganz bewusst Schul-*Anlagen* (nicht nur *Gebäude*) entwickelt. Otto Englberger und Joachim Stahr konzipierten für Sondershausen eine Anlage, in der die einzelnen Baukörper in abfallendes Gelände quasi „komponiert" wurden. Die zeitgemäß geforderten spezifischen Funktionen wie Aula, Turnhalle und

Das Lehrschwimmbecken der Gräfentonnaer Schule

Unterrichtstrakte wurden um den Schulhof herum angeordnet, den ein Arkadengang umschließt. Das durchdachte Konzept der Schulanlage knüpfte an Ideen der zwanziger Jahre an; die Formen suchten den „demokratischen" Inhalt des Bildungswesens. Die Klassenräume wurden quadratisch angelegt und dadurch frei möblierbar. In Gruppen um Treppenhäuser angeordnet erhielten sie zumeist Licht von zwei Seiten. Insgesamt strebte man eine „luftige" und lichte Atmosphäre der Schulräume an – ein offenes Haus für offene Schüler?

Franzberg-Schule • Max-Reger-Straße 8 • 99706 Sondershausen

Dem Musterbau für Schulanlagen hätten weitere ähnliche Bauten in Nord, Süd und Ost folgen können: Zweckbauten von hohem Kultur- und Bildungswert, die mit beschränkender Ideologie oder monolithischem Bildungswesen (noch) nichts zu tun hatten.

Die ersten neuen Wohnbauten in den fünfziger Jahren

Der notwendige, notgedrungene Wohnungsbau in größerer Dimension setzte in Thüringen erst ein, als die Bezirke eingerichtet waren und Bebauungspläne in den Bezirkstagen beschlossen werden konnten, im Rahmen der Fünfjahrespläne. Es war nicht verwunderlich, dass die nordthüringische Kreisstadt Nordhausen (in den achtziger Jahren ca. 45.000 Einw.) das vorrangige Aufbauprogramm traf: Die Industriestadt zwischen Südharz und Goldener Aue wurde 1945 durch Bombardierung zu ca. 80 % zerstört und kam nach den Nachkriegswirren nur schwer auf kommunale ökonomische Beine. Zu den Architekten, die sich in großer Zahl mit den Entwürfen für Lückenbebauung, aber auch Wohnzeilen und kleinen Neubaugebieten in Nordhausen einfanden, gehörten auch die bereits oben genannten Englberger und Stahr. Sie beteiligten sich an dreigeschossiger Blockrandbebauung mit schlicht dekorierten Wohnbauten (1953/54). Die giebelständigen Seitenflügel und Portiken zitieren traditionelle Formen, auch wenn im Innern neue Grundrissformen probiert wurden.

Bauboom auf dem Trümmerfeld: Nordhausen

Der planmäßige Wiederaufbau Nordhausens begann mit einem ersten Neubauensemble in der Oberstadt, am Lutherplatz, um 1956. Die westliche Rautenstraße wurde an der historischen Verbindung von Unter- und Mittelstadt

Das Postamt am Lutherplatz in Nordhausen

bebaut (1957/58), nach Entwürfen des Kollektivs Friedrich Stabe: Viergeschossige Wohnbauten wurden dem Straßenverlauf folgend gestaffelt. In den Erdgeschossen richtete man Läden ein; die Bauweise, noch traditionell, ermöglichte einen größeren Formenreichtum, eine Variabilität, die von den beteiligten Architekten ausgenutzt werden konnte. So entstand in der Weberstraße Eckbebauung mit Loggiengiebeln, Walmdächern und Läden (1957/58) sowie ein viergeschossiges Laubenganghaus (1961/62). Bedeutsam erscheint, dass bereits während der Wohnbebauung mehrere Zweck- und Kulturbauten entworfen und auch gebaut wurden: z. B. die Gaststätte „Stadtterrasse" und das Filmtheater „Neue Zeit" (vgl. Kap. III und IV), sowie das Postamt am Lutherplatz.

Das Zweckgebäude wird hier aufgeführt, weil der Bau eines Postgebäudes in der Zeit von 1949 bis 1990, zumal in Thüringen, eine Rarität darstellt. Das Kaiserreich, die Weimarer Republik und auch die NS-Zeit hatten für solche repräsentativen Gebäude ausreichend gesorgt – nur Kriegsschäden bedingten den Bau neuer Gebäude (bzw. den Wiederaufbau älterer Postämter). In Nordhausen entwarf das Kollektiv Hans-Jürgen Roth ein fünfgeschossiges abgewinkeltes Gebäude mit Eingangstrakt und sichtbarem Stahlbetonskelett. Das Erdgeschoss und die Fläche über dem Eingang wurden mit Werkstein verkleidet; gebaut wurde am Lutherplatz 1961/62.

Deutsche Post Filiale Nordhausen • Lutherplatz 5 • 99734 Nordhausen

Neues Bauen in allen Städten und Bezirken in den sechziger Jahren

Nachdem in den 1950er Jahren noch nach herkömmlichen städtebaulichen Auffassungen gebaut wurde – straßenbegleitende Bebauung, Hofbildungen und Gliederung der Fassaden durch Risalite, Erker, Gesimse und Sockel – wandelte sich die Bauweise und die Bebauung gleichzeitig und radikal nach Maßgaben der Moderne. Die Zeilenbebauung senkrecht zur Straße bedeutete in der Praxis und für den Alltag der Mieter vor allem die Entkoppelung vom Straßenverkehr. Besonders in hügeliger Landschaft bot es sich damit an, eine gleichmäßige Ausrichtung zum Licht, also zur Sonne, in die Bauplanung einzubeziehen. Außerdem profitierte eine Hangbebauung, wie z. B. im Norden der Bezirksstadt Suhl, von einer gleichmäßigen Ausrichtung der Aussicht ins innerstädtische Tal.

Seit dem Ende der fünfziger Jahre veränderte sich die Technologie im Bauwesen der DDR grundlegend, wenn auch schrittweise: Zunehmend wurden industriell vorgefertigte Bauteile in den Bauprozess einbezogen. Die Wandlung der Technologie bezeichneten die Fachleute als „Mischtechnik", sowohl im Wohnungs- als auch im Industriebau wandte man diese an. Im Jahr 1961 wurden in der ganzen DDR Wohnungsbaukombinate (WBK) gegründet; der Wohnungsbau wurde danach überwiegend in „Plattenbauweise" ausgeführt, die so typisch für das Aussehen der Städte (vor allem der Stadtrandgebiete) auch in Thüringen wurde.

Zum deutlichsten Beispiel für das Entstehen einer neuen, „sozialistischen Stadt" während der vierzig Jahre DDR-Geschichte entwickelte sich im Südwesten Mitteldeutschlands die kleine Stadt Suhl, aus der nach der Erhebung zur „Bezirksstadt" (1952) eine mittelgroße Stadt von 55.000 Einwohnern im Jahr 1986 wurde. Die Stadt nahm in vieler Hinsicht eine rasante Entwicklung: wirtschaftlich, sozial und kulturell. Hätte das gemütliche „Nest" mitten in der Republik gelegen, wäre es möglicherweise zu einem viel besuchten und bestaunten Modell – oder Modellversuch – geworden. Jedenfalls investierte die Partei- und Staatsführung sehr viel in die – nach ihrer Überzeugung – traditionelle Arbeiterstadt, die doch gefährlich nahe am Gebiet des Klassenfeindes im Westen lag. Traditionell orientiert waren die Bewohner Suhls nämlich in Richtung Süden: nach Oberfranken, und das gehörte zum Freistaat Bayern. Vielleicht war es gerade die Aufwertung zu einer Bezirksstadt, die das Selbstwertgefühl der Bürger dankbar an die „Neue Zeit" und ihre Versprechungen binden konnte. Eine Recherche der Bau-Ereignisse von 1949 bis 1990 bestätigt jedenfalls einen Wachstumsprozess, der zumindest für die Jahre bis 1980 viele Veränderungen und Verbesserungen belegt. In der umfangreichen Erneuerung und baulichen Weiterentwicklung der Innenstadt, Neubaugebiete und eingemeindeten früheren Dörfer überzeugt besonders die konsequente Stadtplanung, die von den sozialistischen „Machern" in die Wege geleitet und durchgeführt wurde.

Suhl – „Sozialistische Stadt" auf dem Boden Oberfrankens

Charakteristische Merkmale in den fünfziger und sechziger Jahren waren der schnelle Ausbau der administrativen und kulturellen Funktionen der Stadt (Kulturhaus, Interhotel, Haus der Gewerkschaft, Haus der Partei), die Ansiedlung neuer Industrien und deren Einordnung in die bereits bestehenden drei Industriegebiete im Raum Suhl/Zella-Mehlis sowie der verstärkte Wohnungsbau. Neben sozialen Einrichtungen „für die Werktätigen" in ihrem Arbeitsfeld (Volkseigene Betriebe) entstanden weitere gesellschaftliche Gebäude im überschaubaren Stadtzentrum (z. B. das Reisebüro).

Zum Kernstück der Bemühungen um ein sozialistisches Lebensmodell avancierte in Suhl der Wohnungsbau – Wohngebiet um Wohngebiet wurde förmlich aus dem Boden gestampft: 1954–1960 Wohngebiet „Schmiedefelder Straße" (1.870 Wohnungen), 1961–1964 WG „Aue I" zwischen Stadtzentrum und dem Ortsteil Heinrichs (1.000 Whg. und vier zehngeschossige Wohnhäuser). Letztere errichtete man schon in industrieller Bauweise und mit Fernheizung. Auch andere technologische Neuerungen zogen in die Neubauten in den Tälern und auf den Hügeln Suhls ein. Im WG „Schwarzwasserweg" (1.400 Whg.) baute man erstmals einen begehbaren Sammelkanal, der alle Versorgungsleitungen in sich vereinte.

Anfang der 1970er Jahre entstand das Wohngebiet „Aue II" (1.600 Whg.) – danach verbanden die Stadtplaner mit Fünf- und Elfgeschossern die Wohngebiete „Aue" mit dem Zentrum. Mit diesen Wohn-Monstern begann eine neue Ära in der gesamten DDR, die sich auch sprachlich niederschlug: Das Zuhause der Menschen hieß nicht mehr „Gebäude" oder „Wohnhaus", sondern „Wohnscheibe". Besonders mit den elfgeschossigen Riesen, in denen die Bewohner auf funktionierende Fahrstühle angewiesen waren, kehrte sich der Stolz auf den „Luxus" bald wieder um: Die Betonburgen erwiesen sich als anfällig, grob und als hellhörig. Die Bewohner, einschließlich der Kinder, suchten manchmal im Irrgarten aus Straßen und wüsten Freiflächen nach ihrem individuellen Eingang.

In Suhl milderten die begrünten Berge rings um die Stadt den öden Umfeld-Eindruck. Die Bauherren und Stadtplaner dagegen lobten sich selbst: „Auch hier komplettieren vorbildliche gesellschaftliche Einrichtungen das Wohnen". Daher konnte das Bauen munter fortgesetzt werden, solange die Materialplanung dies hergab: Am Fuß des Ringberges wurde 1979 der Bau des WG „Ilmenauer Straße II" (2.800 Whg.) abgeschlossen; zuvor schon begannen die Erschließungsarbeiten für das größte Wohngebiet des Bezirkes „Suhl Nord" mit 6.000 WE (nun hießen die Wohnungen also „Wohneinheiten" – änderte das etwas am Wohlgefühl?).

Stolz schwang aus den Berichten über diesen neuen Gipfel der Bautätigkeit: „Die Baukörper der Wohngebäude sind geschwungen, sie zeichnen das Gelände des Höhenzuges nach." – Zweifellos nahmen die Berge rund um den Tal-Ort Suhl ein Neubaugebiet nach dem anderen „gnädig" auf ihren Rundungen hin – immer mehr DDR-Bürger richteten sich hier im Süden der Republik wohnlich ein.

Für die Bürger Suhls wurde eine nahezu perfekte Infrastruktur ins Zentrum der Bezirksstadt gebaut. Die Architektenkollektive, die Wohnbautypen im Stadtplanungsamt wie Bauklötzchen kombinierten, fanden echte Herausforderungen und Aufgaben, besonders in Suhl. Am Zentralen Platz (Ernst-Thälmann-Platz) erbaute man nach Entwürfen von Roland Schenk und Ehrenfried Schacke 1959–1963 das Haus der Gewerkschaften; 1966/67 wurde am selben Platz das Hochhaus mit Reisebüro nach städtebaulichem Entwurf von Heinz Grimm und Klaus Angermüller errichtet. Das zwölfgeschossige Gebäude in Plattenbauweise entstand auf einem

„monolithischen Untergeschoss als Vertikalakzent" zwischen Centrum-Warenhaus und Interhotel „Thüringen Tourist".

Das Centrum-Warenhaus mauserte sich zum Zentrum des Alltags der „neuen Menschen", denn auch im Sozialismus kam es zunehmend auf Konsum an. Der kompakte, dreigeschossige Baukörper aus Beton, Metall und Glas wurde 1966–1969 nach dem Entwurf von Heinz Luther und Kollektiv gebaut. „Modern" waren nicht nur Materialien und Architektur innen und außen, sondern auch die Berücksichtigung sozialer Aufgaben: Auf der Dachfläche ein Kindergarten mit Spielflächen und Wasserbecken;

Das Hochhaus mit Reisebüro am Herrenteich in Suhl

eine Terrasse zum Verweilen und zugleich als zweite Fuß-
gängerebene mit günstiger Verbindung zur Stadt. Von der
Architekturkritik besonders positiv vermerkt wurde die
„schwebende Fächertreppe" von Waldo Dörsch. Obwohl dieser Typ des freistehenden Kaufhauses nach 1965 in weiteren Städten der DDR fast als „Serie" erschien – im Zentrum
einer eher kleinen Großstadt wie Suhl erhielt das moderne
Gebäude ästhetisch und kulturell größeres Gewicht als anderswo – es wurde durch die umliegenden Hochhäuser und
die Berge im Hintergrund auch optisch „aufgefangen".

Gesundheit und Fürsorge für die Jenaer Hochtechnologie-Arbeiterklasse

Die neuen Eigentums- und Besitzverhältnisse im sozialistischen Staat machten auch vor der mehrheitlich konservativen Intelligenzschicht der Ärzte nicht halt. Dennoch musste
auch im Sozialismus für die ambulante Versorgung ein prak-
tikables Konzept her, das möglichst den prinzipiellen Kol-
lektivgedanken einschloss – trotz der praktisch und meist
auch räumlich bedingten Unterschiede der medizinischen
Fachgebiete. Als pragmatische Lösung bot sich die Einrichtung von Polikliniken an, bei denen mehrere Ärzte unter
einem Dach versammelt wurden. Von 1946 bis 1950 wurden diese Einrichtungen in ehemaligen Villen, Verwaltungs-
oder Gutshäusern untergebracht; auch in bestehenden
Krankenhäusern. Nach der Überwindung des kriegsbeding-
ten Mangels an Neubauten wurden in einer zweiten Phase
(1951–1971) vorrangig neue Einrichtungen auf dem Lande,
für größere Betriebe und in allen großen Städten eingerichtet. Neue Niederlassungen von Ärzten und Zahnärzten
wurden im Zuge des „Aufbaus des Sozialismus" kaum noch
zugelassen, so dass sich die Polikliniken zu konkurrenzlo-
sen Gesundheitszentren entwickelten. Selbstverständlich
erwiesen sich dabei gemeinsam genutzte Einrichtungen
der Funktionsdiagnostik, wirtschaftlich-technischer Einrichtungen sowie eines kollektiven Organisationssystems

Die Betriebspoliklinik des VEB Carl Zeiss Jena

als positive Effekte – solange genügend Fachpersonal und Material vorhanden war. Trotz aller Anfangsschwierigkeiten gehörte „die Poliklinik" oder „das Ambulatorium" über vierzig Jahre lang für alle DDR-Bürger zum Alltag; für die meisten mehr als „die Kirche" oder „das Theater".

In der Stadt der Wissenschaft und Hochtechnologie Jena, mit bedeutenden Traditionen in der werksgebundenen und kommunal geförderten sozialen Fürsorge seit Jahrzehnten, wurde 1964 mitten in der ohnehin schon engen Innenstadt ein architektonisch moderner Gebäudekomplex eingefügt. Der VEB Carl Zeiss Jena beeinflusste den Bau entscheidend mit der Forderung an die Stadtplaner, dass die Poliklinik in unmittelbarer Nähe des Haupt- und Südgeländes des Werkes liegen sollte. Dadurch sollte der Zeitverlust für die erwarteten tausende Besucher minimiert werden, damit sollten die Patienten zeitgenau vorbestellt oder von ihrem Arbeitsplatz abberufen werden, um Untersuchungen durchführen zu können. Der erwartete Vorteil der Nähe zu den Besuchern wog letztlich die Not des beengten Bauplatzes auf: An der viel befahrenen Kreuzung Westbahnhofstraße/Ernst-Haeckel-Straße entstanden zwei Baukörper, die durch ein stumpfwinkliges Gelenk verbunden wurden. Trotz des schwierigen Grundrisses wurden der Fünfgeschosser und der Dreigeschosser aus vorgefertigten Stahlbetonelementen zusammengesetzt. Die Architekten Ernst Mauke und Heinz Kottke nutzten das Gebäude für alles Notwendige und noch mehr redlich aus: Neben den Praxen und Labors fand eine Apotheke ebenso Platz, wie Speiseräume im Dachgeschoss. Mit der Poliklinik im Zentrum der modernen Hochtechnologiestadt Jena wurde in den 1960er Jahren ein Zeichen gesetzt für effektive ambulante Versorgung. Der Gebäudekomplex hat sich erhalten und gehalten – heute heißt diese Einrichtung, wie in vielen ostdeutschen Städten auch: Ärztehaus.

Ehem. Poliklinik des VEB Carl Zeiss JENA, jetzt Ärztehaus Mitte Jena • Westbahnhofstraße 2 • 07745 Jena

Wohnungsbau-Explosion in den sechziger und siebziger Jahren: Beton-Labyrinthe in Innenstädten und an Großstadträndern

Während in Suhl Neubaublöcke eher vorsichtig und angemessen in die umliegenden grünen Hügel „gekleckert" wurden, verlegten sich die Stadtplaner und Bauherren der Bezirksstadt Erfurt aufs „Klotzen", mit dem Argument, man

Der nach der Wiedervereinigung sanierte Wohnkomplex „Johannesplatz" in Erfurt

müsse das Bauland rationell ausnutzen und städtebauliche Zersplitterung vermeiden. Außerdem sollten die neuen Wohngebiete in der Nähe der gleichzeitig entstehenden Industriebetriebe im Norden der Stadt angelegt werden. Zur Legitimation der äußerst konzentrierten Bebauung wurden schlechte Gründungsverhältnisse vorgebracht. Der im Wohnkomplex „Johannesplatz" erreichte Verdichtungsgrad von 370 Einwohner/ha konnte nur durch die Grundrisslösung der „Wohnungsbaureihe Erfurt" erreicht werden, die im Norden Erfurts von 1965 bis 1970 zum ersten Mal im großen Rahmen angewandt wurde.

Komplexe Städtebauer: Walter Nitsch, Joachim Stahr und andere

Anders als im DDR-Kultroman „Spur der Steine" muss man von Mitte der sechziger Jahre an zweifellos von einer „Spur der Platten" oder von „Labyrinthen des Betons" schreiben – und darf dabei nicht den Sinn dieser Bauweise unter den Schreibtisch fallen lassen. Die kleine Deutsche Demokratische Republik brauchte trotz langjährigen Bevölkerungsrückgangs dringend Wohnraum für ihre Bürger, und es sollten Wohnungen mit standardisiertem Grundkomfort wie Fernheizung, Bädern und Balkons werden. Dieser Komfort war beim Großteil der neuen Bewohner, oft Familien mit Klein- und anderen Kindern, durchaus beliebt. Die Baumeister wussten, für wen sie bauten, und sie mussten effektiv bauen. Die Städtebauer und Wohnungs-Architekten experimentierten jahrelang, um neue Baumethoden zu entwickeln: So auch mit der von Joachim Stahr auf 5-Mp-Montagebauweise basierenden Baureihe, die erstmals 1964/65 in Weimar-Nord getestet worden war. Die Baureihe „Erfurt" wurde zur Grundlage für alle „Plattenbauwohnkomplexe" (was für ein Wort, das dem realen Gegenstand leider sehr nahe kommt!) der Großstadt Erfurt, und alles Nachgebaute wurde ebenso lang und breit und hoch wie der Prototyp des Wohnkomplexes „Johannesplatz" – die Wohngebiete „Rieth" (1971–

1974), „Nordhäuser Straße" (1973–1988), „Roter Berg"
(1977–1981), „Kleiner Herrenberg" (1979–1986), „Wiesen-
hügel" (1983–1987) und „Drosselberg" (1986–1990).

Die Häufung der damit entstandenen Groß-Neubaugebiete
in mehreren Randgebieten Erfurts beseitigte zwar bis 1990
einen Teil der herrschenden Wohnungsnot, brachte aber
auch neue Probleme mit sich, besonders bei der Infrastruktur (notwendige Verkehrsanbindung sowie Straßenbau) und
durch die sich entwickelnden soziologischen und massen-
kulturellen Konflikte.

Dabei mühten sich die Städtebauer redlich, in die vom Volk
als „Arbeiterschließfächer" oder „Schlafstädte" verschrie-
nen Betonsiedlungen auch alltägliches Leben einzuplanen,
vom Reißtisch-Projekt an. Auf dem Modell des Prototyps
am Johannesplatz sieht man, wie drei kammartige Gruppen von Wohnzeilen ein „gesellschaftliches Zentrum" mit
Versorgungs-Funktionen wie Poliklinik, Post und Einkaufszentrum umschließen; selbstverständlich wurden auch Bildung und Erziehung nicht vergessen, also Schule, Kindergarten und Sportanlagen. Bei der räumlichen Anordnung
der Typenbauten bemühte man sich um „Abwechslung" im
Arrangement von fünfgeschossigen „Wohnzeilen" und elfgeschossigen „Wohnscheiben". An die nördlichen und südlichen Ränder des Komplexes setzte man Höhendominan-
ten durch sechzehngeschossige Punkthochhäuser, deren
Präsenz auch das Verdichtungspotential erhöhte. Schufen
die Bauherren mit ihren Entwürfen das Gesicht der DDR-
Zukunft? Tut man dem guten Willen der Architekten spätes
Unrecht, wenn man auf heutige Entwicklungen verweist?
Die Satelliten-Siedlungen von Erfurt, wie die so ähnlichen
in Jena-Neulobeda, in Gera-Lusan und anderswo in Thüringen, müssen als typisch sozialistische Wohnweise erinnert
werden: bestimmt von deren sozialem Standort einerseits,
andererseits von der Ungewissheit ihrer Schöpfer, Erbauer
und Bewohner, ob das Grün der Groß- und Kleingewächse
jemals die Schroffheit und Standardisierung der Bauten auf
natürliche Weise kontrastieren und auffangen kann.

Vorsichtige Modernisierungen aus verschiedenen Gründen

In der städtischen Erfurter Ebene konnten sich die frühen DDR-Erben der Weimarer Hochschule für Architektur und Bauwesen austoben; ihre Schüler(innen) versuchten sich auch in Weimar selbst an kleinen, aber auffälligen Projekten. Das in der Nähe des ehedem großkotzig-großdeutschen „Gau-Forums" gelegene, kleinhäusige Jakobsviertel planten die neuen Stadtherren Ende der sechziger Jahre ganz abzureißen – damit war eine historisch „peinliche" Fortsetzung totalitärer Umgestaltung vorprogrammiert. Gott sei Dank setzte sich auch die Unfähigkeit der „Radikalinskis" fort, das Erbe des heiligen Jakob der Weimarer Erde gleichzumachen: Von den geplanten Hochhäusern wurde nur eines realisiert, der Rest des Jakobsviertels trotzte der Abreiß-Wut. Auf das von Anita Bach (eine *Architektin* als seltene Ausnahme im Thüringer Baugeschehen) und Helmut Ellenberger entworfene Hochhaus (erbaut 1970–1972) war man in der Provinzstadt Weimar stolz: Eine städtebauliche Dominante in der nördlichen Altstadt mit zwei versetzten Bettenhäusern in 5-Mp-Plattenbauweise. Für die fast 900 Studenten gab es

Das Studentenwohnheim der Weimarer Hochschule für Architektur und Bauwesen im Jacobsviertel

unter einem Gebäudeteil *einen* eingeschossigen, monolithischen Flachbau als Studentenklub – da war das Vorbestellen oder Anstellen am Abend vorprogrammiert.

Studentenwohnheim • Jacobsplan 1 • 99423 Weimar

Die Professorin der HAB Anita Bach hatte gemeinsam mit Mitstreitern (u. a. Siegfried Richter und Klaus-Peter Kiefer vom Entwurfsbüro für Hoch- und Fachschulbau) noch ganz andere, radikalere Pläne zum Fortschreiben der Bauhaus-Tradition. Der Van-de-Velde-Bau sollte verlängert, das Hauptgebäude erweitert und südlich fortgesetzt werden; sogar Hochhaus-Bauten für eine künftige großstädtische (in Weimar!) Universität wurden erträumt ... Waren das, 1969/70, Träume von „Achtundsechzigern"? Der Umgang mit dem Bauhaus-Erbe stellte sich zu DDR-Zeiten als kompliziert dar. Auch das seit den 1950er Jahren im Park an der Ilm geplante Auditorium maximum kam nicht zur Ausführung – an seiner Stelle wurde die nach Entwürfen von Anita Bach gebaute „Mensa am Park" 1982 in Betrieb genommen. Das zweigeschossige, zweckvoll gegliederte Gebäude auf einem Stützenraster beeindruckt noch heute mit seiner zum Grün des Parks hin verglasten Fensterfront und wirkt optisch durchlässig, obwohl es mit großformatigen Betonelementen verkleidet wurde.

Mensa am Park • Marienstraße • 99423 Weimar

Anknüpfen ans Weimarer Bauhaus in Ruhla und Seebach

Auch in der DDR, zumal in ihrer besten Zeit um die Wende der sechziger zu den siebziger Jahren, ergaben sich durch rasante Entwicklungen infolge der „wissenschaftlich-technischen Revolution" bedeutende soziale Fortschritte, konzentriert auf enge regionale Bereiche. Solch ein Entwicklungsschub traf auch das kleine Industriedorf Seebach in der Nähe des traditionell von der Uhrenindustrie geprägten Ruhla im nördlichen Thüringer Wald. In der Kleinstadt (ca. 6.600 Einw.) hatte es neben den großen Uhrenwerken Thiel bereits in den 1920er Jahren Wohnbau-Versuche in Bauhausmanier gegeben. Nach der extensiven Erweiterung des Uhren- und Maschinenkombinats (UMK) südlich von Seebach (1969) wurden dort 1970–1974 ca. 650 Wohneinheiten in fünfgeschossigen Wohnreihen der „WBR Erfurt" errichtet, wie üblich in Montagebauweise, in zwei „geschlossenen Gruppen". Die städtebauliche Besonderheit lag im direkten Anschluss an die bestehende dörfliche Substanz und an die günstige Lage zu den neuen Arbeitsstätten des UMK. In das Neu-Dorf-Ensemble baute man eine (Ober-)Schule, eine kombinierte Kindereinrichtung in Leichtmetallbauweise und eine traditionelle Turnhalle mit Holzverkleidung. Kultureller Höhepunkt, gelegen in Hanglage *unterhalb* der Kindereinrichtung, waren eine Gaststätte sowie Kino und Bibliothek – ein gesellschaftliches *Zentrum* im alten Dorfkern.

Uhrenmuseum Ruhla • Bahnhofstraße 27 • 99842 Ruhla • Tel.: 036929/70-0 • www.garde.de • Mo.–Do. 10–16.30 Uhr, Fr. 10–15 Uhr, Sa 10–14 Uhr

Kreative Architektur am Wald: Hermsdorf

Im östlichen Teil Thüringens, im traditionsreichen „Holzland" zwischen Jena und Gera, erklärte man den Ort Herms*dorf* 1969 zur *Stadt*. Durch die sprunghafte Erweiterung der Industriebasis (holzverarbeitende Betriebe, elektronische und elektrotechnische Industrie) und der Ingenieur-Schule für Elektrotechnik und Keramik erhöhte sich die Einwohnerzahl zwischen 1964 und 1977 auf das Doppelte (ca. 11.000 Einw.). Um diese erhebliche Zunahme zu bewältigen, entwarf das Kollektiv Hanfried Sachse und Dieter Jantke (Städtebau) und Freimut Schmerling u. a. 1.700 Wohneinheiten in fünfgeschossigen Wohnhäusern, in vier elfgeschossigen Wohnscheiben und einem zehngeschossigen Punkthochhaus. Ungewöhnlich einfallsreich gestaltete das Entwurfskollektiv Wolfgang Fiedler das inmitten des eigentlich durchschnittlichen Neubauviertels gelegene „Versorgungszentrum", für das dann auch der 2. Preis eines Architekturwettbewerbs 1972 an dieses Kollektiv ging. Das ansehnliche Ensemble (für das der Begriff „Versorgungszentrum" eher herabsetzend wirkt) besteht aus mehreren wabenförmigen Baukörpern in pavillonartiger Anordnung – Stahlkonstruktionen, deren Außenwände großflächig verglast wurden, ergänzt von Betonornamentsteinen. In dieser modernen Bauweise entstand eine weiträumige Anlage, in der alle wichtigen Funktionen für die neuen Bewohner – Dienstleistungen, Arztpraxen, Poststelle, Gaststätte, Bar, Klubraum usw. Platz fanden. Dass die Gaststätte auf den Namen „Holzlandperle" getauft wurde, konnte auf die Neubauviertel-„City" in betont einheitlicher Gestaltung übertragen werden: Eine kleine „Perle" bürgerfreundlicher Architektur.

Eigenheime im Sozialismus: Grüne Parallel-Welt für die Oberschicht

Seit Anfang der 1970er Jahre differenzierte sich die DDR-Bevölkerung Schritt für Schritt – ob das ein „Fortschritt" war im Sinne der Staatsgründer, darf bezweifelt werden. Dass die Führungsriege um Walter Ulbricht in Berlin von der Führungsclique um Erich Honecker 1971 „machtmäßig" abgelöst wurde, war nur ein oberflächliches Zeichen für die *wesentlichen* Veränderungen – die in den sozialen und kulturellen Erwartungshaltungen der alten und neuen Generation. Typisch wurden unterschiedliche Ansprüche verschiedener Bevölkerungsgruppen, die man nicht mehr einfach in alte Schubladen wie „Klassen" und „Schichten" einordnen konnte. Arbeiter und Bauern differenzierten sich ebenso in neue Gesellschaftskreise wie Jugendliche oder die medizinische, pädagogische und künstlerische Intelligenz. Besonders deutlich wurden die Differenzierungen in der kulturellen Gestaltung des Wohnens, der Wohnwelten, in der die „sozialistischen Menschen" leben wollten oder,

Die Wohnanlage am Brühler Herrenberg in Erfurt

nach dem unterschiedlich gefüllten Geldbeutel, leben konnten.

Zum Beispiel bot die größte Stadt in Thüringen, Erfurt, seit Mitte der siebziger Jahre auch die Möglichkeit des Lebens im Eigenheim-Idyll. Zeitgenössische Architekturführer verwiesen mit den nach und nach entstehenden Eigenheimsiedlungen auf die „Vielschichtigkeit" des DDR-Wohnungsbaus. Ironisch muss man allerdings die Einfamilienhäuser der 1973–1978 erbauten Wohnanlage am Südhang des Brühler Herrenberges (!) eindeutig der „Oberschicht" zuordnen. Die Raumdisposition der zweigeschossigen Reihenhäuser mit Vollunterkellerung, Flachdach und Loggia lag mit Wohn- und Esszimmer nebst Küche und WC im Erdgeschoss sowie drei Schlafräumen, Bad und WC im ersten Obergeschoss weit über dem Wohnungsstandard in der DDR. Hinzu kamen die individuellen Gärten und gemeinschaftlichen Grünzonen sowie die Parkplätze vorm Häuschen. Hier konnten „neue Menschen", die sich das leisten konnten, auch in einer „egalitären" Gesellschaftsordnung gesünder und angenehmer leben – sie waren ein bisschen „gleicher" unter den angeblich Gleichen.

Kontraste nicht nur im Material: Graue Plattentürme und bunte Fachwerkromantik

Der Umbau der Erfurter Innenstadt fand in zwei Phasen statt: Im 1967 ausgelobten städtebaulichen Wettbewerb sollte es um die Neudefinition einer „neuen sozialistischen Stadtgestalt" gehen – der Abriss der alten Quartiere war dazu mit eingeplant und wurde gnadenlos realisiert. An die Stelle von bisher 5.000 alten Wohnungen wollten die Bauherren 10.000 neue, in der Form der bekannten „WBR Erfurt", setzen. In der ersten Etappe baute man im östlichen Bereich des Juri-Gagarin-Rings 1967/68 nach Entwürfen des Stadtarchitekten Walter Nitsch und dem Plattenbau-„Stararchitekten" Joachim Stahr 1.200 Wohneinheiten. Der ganze Bebauungskomplex wurde 1979/80 als Teil der neuen Ringbebauung an der Kreuzung Krämpferstraße abgeschlossen: Die Südseite mit gestaffelten sechzehngeschossigen Wohnhäusern, die Nordseite mit elfgeschossiger Eckbebauung und einem Hochhaus im Innenhof. Auf die Altstadtseite gegenüber stellte man einen langgezogenen Elfgeschosser und als „Gipfel" das zwanziggeschossige Hotel „Kosmos" (vgl. Kap. IV). Als erste Hochhäuser im Stadtzentrum Erfurts galten die „Hochhäuser am Ring", Juri-Gagarin-Ring 14/15 (1968): zehngeschossig in 2-Mp-Montagebauweise, mit Loggienfassade.

In der zweiten Phase (1973–1976 und 1978–1984), im südlichen Bereich des Juri-Gagarin-Ringes, sollte es nach Überlegungen des Stadtarchitekten Walter Nitsch zu einem Paradigmenwechsel kommen: 1980 äußerte er zum Grundproblem modernen Bauens, dass es notwendig sei, den Maßstab der Stadt in der Gesamtheit stärker zu bewahren. Allerdings baute man weiter wie bisher: 1973–1976 wurden, dem Verlauf der inneren Stadtbefestigung folgend, die ersten beiden „Wohnscheiben" errichtet. Dabei versuchten die Planenden, eine befürchtete „städtebauliche Monotonie" (die nach den bisherigen „Komplexen" durchaus berechtigt war) durch das Abwinkeln der Wohnscheiben zu

Die Krämerbrücke in Erfurt

vermeiden; auf den Bau von Hochhäusern wurde ebenfalls verzichtet.

Seit Anfang der achtziger Jahre gab es dann neue Hoffnung auf einen Paradigmenwechsel in Erfurts Stadtplanung: Während die Altstadt einerseits radikal verändert werden sollte, durch flächenhaften Abriss und „Wiederaufbau", nahm die Wertschätzung für alte Stadtstrukturen auch bei den für den „Umbau" Verantwortlichen zu. Allerdings waren die Mittel dafür nicht mehr vorhanden, weder finanziell noch materiell. Die Planer des Wohnungsbaukombinates versuchten nun, die Plattenbauweise gemeinsam mit Joachim Stahr (s. o.) von der HAB Weimar „altstadttauglich" zu machen. Nun sollte differenzierter gestaltet werden, auf historische Straßen- und Bebauungsstrukturen wollte man künftig Rücksicht nehmen. Mit der neu entwickelten „Wohnungsbaureihe 85" entstand am Huttenplatz ein Wohngebiet, bei dessen Bau die Möglichkeiten einer „kreativen" Vorfertigung der Platten ausprobiert wurden. Neu war dieses Verfahren im DDR-Maßstab aber nicht: Inzwischen hatte man im Norden einen hanseatischen Platten-Typ entwickelt, der teilweise auch in südlichen Gefilden der DDR zum Verbauen kam.

Junge Leute und neue Ideen gegen Beton-Einerlei

In den achtziger Jahren tat sich auch in den Thüringer Bezirken zwischen Stadt und Land ein tiefer Riss auf – nicht dass die Landflucht im Allgemeinen anstieg, sondern dass junge Leute, also schon die zweite in der DDR aufgewachsene Generation, in die Großstädte strömten, an die Hoch- und Fachschulen und in die vielfältigen Kultur- und Kunstnischen, und auch in die Kirchengemeinden. In den kaum kontrollierten Nischen brauten sich reformerische und rebellische Ideen und Verhaltensweisen zusammen, die sie in zunehmendem Maße öffentlich machten und durchzusetzen versuchten. Dazu gehörten auch kollektive Wohnformen und der Kampf um alte Wohnviertel. Damit hatten die ideologischen Vordenker der Partei nicht gerechnet, dass sich ausgerechnet die als „Kampfreserve der Partei" bezeichneten FDJ-Kader für alte „Bruchbuden" begeistern konnten, und irgendwann die Nase rümpften über die praktischen Betonburgen an den Stadträndern. Aber auch in Erfurt und anderswo wurde der „Umbau" in den Köpfen und Städten Mitte der achtziger Jahre relevant.

Bis zuletzt versuchten die führende Partei und ihr Staatsapparat die „Einheit von Wirtschafts- und Sozialpolitik" durchzusetzen, was zu einem absurden gesellschaftlichen Theaterstück führte. Während kaum noch materielle Ressourcen vorhanden waren, baute man für die Alten Feierabend- und Pflegeheime, und für die Heranwachsenden Kindergärten, -krippen und Schulen. Im Erfurter Wohnkomplex Rieth lagen die Blöcke für vier Generationen zum Teil sehr nah beieinander. In die attraktive Nähe des Naherholungsbereiches der Flussaue (der Fluss in Erfurt heißt kurioserweise „Gera") setzte man drei Schulen, drei Kindergärten und -krippen sowie ein Heim für den Feierabend von Rentnerinnen und Rentnern, dessen Plätze heiß begehrt und umkämpft waren. Das deutsch-ungarische Architektenduo Helmut Weingart und Istvan Tarnai entwarf ein großzügiges, vierstöckiges Gebäude mit flachem Sozialtrakt (1977), einschließlich der

stets geforderten und geförderten Kunst am Bau im Innenhof.

Deutschordens-Seniorenhaus gGmbH • Vilniuser Straße 14 •
99089 Erfurt-Rieth

Modernes Bauen einer neuen Generation für die jüngste Generation: Weida

Auch wenn es zynisch klingen sollte: Wäre eine größere Anzahl von Partei- und Staatsfunktionären *rechtzeitig* abgetre-
ten und in die bereitstehenden Feierabendheime (oder in individuelle Eigenheime) eingezogen, dann hätte es mit dem
„Sozialismus in den Farben der DDR" auch ein anderes (gutes?) Ende nehmen können. Als der Chefideologe der Partei
der Arbeiterklasse, Kurt Hager, dem Umbau-Vorbild in der
großen Sowjetunion 1988 ein gar nicht freundschaftliches,
großmäuliges „Wenn der Nachbar tapeziert, müssen wir das
ja nicht auch tun!" entgegenschleuderte, hätten neue Tape-
ten nichts mehr verändert: Es ging um den *Umbau*, nicht um
die Tapete. Während seit den 1970er Jahren der Wohnungsbau in der DDR durch politische Programme und die ihnen

Die Kindertagesstätte in Weida nach einem Entwurf von Klaus-
Jürgen Schöler

entsprechende, rationalisierte „Großtafelbauweise" geprägt waren, hatten es individuelle Gebäudeentwürfe schwer. Eine *neue* Generation strebt aber ganz natürlich und kulturell folgerichtig *Neues* an, auch wenn sich dies auf Altes stützt oder, und das war im kommunikativen 20. Jahrhundert zu erwarten, auf Anregungen aus aller Welt. Daran konnten auch die erstarrten Greise im Politbüro der SED nichts mehr ändern, die immer schnell waren mit dem „Argument", dass hinter dem Neuen der Klassenfeind im Westen steckte.

Zu dem wenigen, was von jungen Bau-Ideen in Thüringen verwirklicht wurde, zählte die von Klaus-Jürgen Schöler in seiner Dissertation an der TU Dresden entworfene Kindertagesstätte (1979) – es war sein Beitrag zur Diskussion des Themas „Kindgerechte Umweltgestaltung". Unerwartet wurde dieser Entwurf von der AWG „Frohe Zukunft" in Weida (unter der Leitung von Ullrich Heinrich) in traditioneller Bauweise errichtet. Technologisch wurde mit der Realisierung des Entwurfs das Ziel erreicht, mit konstruktiv und geometrisch gleichen Funktionsbausteinen in flexibler Anwendung, funktionelle und gestalterische Vielfalt herzustellen – ein Prinzip, das vermutlich auch den DDR-Sozialismus als „Bauwerk" attraktiver, stabiler und vielleicht auch nachhaltiger gemacht hätte.

Kindertagesstätte „Ameisenburg" • Ernst-Thälmann-Straße 2 • 07570 Weida

Blick in die Ilmenauer Bahnhof-Straße zur Stadtkirche St. Jakobus, 1963

KIRCHEN, KULTUR UND KUNST

Beim Erarbeiten dieses Reiseführers verblüffte am meisten die Feststellung, dass in der reichen Kulturlandschaft Thüringens, im nahezu alles berührenden und durchdringenden Bereich der Kultur, während der 40 Jahre DDR-Geschichte nur weniges *entstanden* ist. Diese Tatsache wird die beteiligten Künstler, Literaten, Theaterschaffenden und Musiker gewiss wundern und als Äußerung ärgern oder provozieren – und doch war es eine auch schon während dieser vier Jahrzehnte feststellbare Realität. Freilich wurde das Überkommene und Übernommene (wofür schon eine gewisse Differenz konstatiert werden muss) zum großen Teil sehr aufwendig und liebevoll gepflegt, denkt man nur an die Geburts- und Wohnstätten in Eisenach, Weimar, Jena und anderswo. Auch der weitgehende Erhalt der höchsten Dichte an Theatern in Deutschland muss anerkannt werden. Doch hier soll es um die *Werke* gehen, die in den drei Thüringer Bezirken von 1949 bis 1990 neu *entstanden sind*; um die Literatur, die geschrieben wurde; um die Künstlerbiographien, die hier gelebt wurden – in Thüringen begonnen, durchlebt, vollendet oder auch abgebrochen. Zu (inter-)national bedeutsamen künstlerischen Leistungen ist es kaum gekommen. Weil diese ernüchternde Tatsache oft mit restriktiven Schaffensbedingungen und mit der fördernden und fordernden Rolle der „Partei" und ihrer Zensur-Gängelei zusammenhing, soll in diesem Kapitel auch der Kulturkampf der Kirchen reflektiert werden. Die traditionellen Religionen des Landes und ihre administrativ-organisatorischen Strukturen mussten einen existenziellen Kampf bestehen, um sich unter den ideologischen Bedingungen einer „Diktatur des Proletariats" erhalten zu können. Hier können nur einige Beispiele aufgeführt werden, wie dies gelang – was dabei

an Bewahrenswertem entstand und welche bewunderungs-
würdigen, sinnvollen Biographien gelebt wurden.

Verborgene „Moderne" im Grenzbereich: Kulturhäuser in Hirschberg und Ruhla

In mehrerer Hinsicht begann die Geschichte des ideologischen Großprojekts „Bauen für Arbeiter und Bauern" im
Grenzbereich: Geographisch unmittelbar an der Grenze
zu Bayern, zur Bundesrepublik, am Grenzübergang der
Autobahn A 9. Noch vor der Gründung der DDR wurde in
Hirschberg 1948/49 eine Lederfabrik errichtet. Ein Studen-
tenkollektiv der „Hochschule für Baukunst und bildende
Künste" Weimar entwickelte, unter der Leitung ihres Direk-
tors Hermann Henselmann, den Entwurf für das ins Werk
integrierte Kulturhaus. Dass von den unkonventionell den-
kenden und entwerfenden jungen Leuten dabei das bereits
vorhandene Dieselmotorenhaus als Grundlage genutzt wurde, unterstreicht den Mut zum Siedeln im bautechnischen
Grenzgebiet, wie z. B. die abgerundete Ecke als Anpassung
an die städtebauliche Lage. Auch geschlossene Wandflächen
der Fassaden zur Straße hin, ein tiefliegendes Fensterband
und eine großzügige Fensterfläche vor dem großen Saal, le-
gen ein Zeugnis der künftigen Architekten davon ab, dass
ihnen die Einheit von Funktion und Form wesentlich er-

Das frisch sanierte Kulturhaus von Hirschberg

schienen. In bauhistorischer Hinsicht hat man es hier exemplarisch zu tun mit dem Versuch der (ostdeutschen) Architektenschaft bis 1950, sich auf das Neue Bauen aus der Vorkriegszeit zu besinnen. Es gehörte zur nur wenige Jahre während den Grenzphase zwischen dem Bauen in der NS-Zeit und der Anfang der fünfziger Jahre beginnenden Neuorientierung auf das Bauen im „Stil" einer Mischung aus historischen Elementen und dem aus der UdSSR importierten Monumentalismus. Für die Entwürfe dieses und weiterer der Bauhaus-Moderne nachempfundenen Kulturbauten war die Anwesenheit Hermann Henselmanns in Weimar sicher entscheidend – er prägte deutlich die ersten, tastenden Versuche einer eigenen Architektursprache nach dem Krieg und in der DDR.

Kulturhaus Hirschberg • Gerberstraße 17 • 07927 Hirschberg (Saale) • Tel.: 036644/24996 • www.kulturhaus-hirschberg.de
Museum für Gerberei und Stadtgeschichte • Saalgasse 2 • 07927 Hirschberg (Saale) • Tel.: 036644/43139 • www.museum-hirschberg.de • Di. 10–16 Uhr, So. (11. Mai–26. Okt.) 14–17 Uhr, und nach Vereinbarung

Im Zusammenhang mit dem schon bestehenden, aber weiter zum „VEB" ausgebauten Uhrenwerk in der Kleinstadt Ruhla, entstand 1951 einer der wenigen Kulturhausbauten, mit dem an die klassische Vorkriegsmoderne angeknüpft wurde. Die im Entwurf von Hermann Räder vorgegebene kubische Formgebung, die Fassaden mit horizontalen Fensterbändern und die Öffnung eines Erdgeschossteils zum Straßenraum mit einer Stützreihung, müssen für die erste Hälfte der fünfziger Jahre schon als außergewöhnlich für die Thüringer Bezirke bezeichnet werden. Betrachtet man das Gebäude allerdings im Zusammenhang mit der kleinstädtischen Geschichte Ruhlas in der ersten Hälfte des 20. Jahrhunderts, so findet man es durchaus in einem Zusammenklang mit ähnlichen Bauten, die mit klassischen Elementen der Moderne aufwarten (vgl. Kap. II). Hier wurde von der Stadtverwaltung offenbar bewusst an eigene Traditionen angeknüpft. Der Architekt Hermann Räder wurde für die

Das Kulturhaus Ruhla nach einem Entwurf von Hermann Räder

weitere Baugeschichte Thüringens insofern bedeutsam, als er unmittelbar danach auf die von der DDR-Regierung vorgegebene Linie einschwenkte – zweifellos ein Verlust für das architektonische Gesicht der Thüringer Städte in den folgenden Jahren.

Kulturhaus Ruhla • Bahnhofstraße 1 • 99842 Ruhla

Gut gebaute Notkirchen für zerstörte deutsche Städte

Speziell für stark zerstörte deutsche Städte in allen Besatzungszonen legte das Hilfswerk der Evangelischen Kirchen 1948–1951 ein Nothilfeprogramm auf, von dem auch Thüringen profitierte. Eine der insgesamt 48 Kirchen wurde im großflächig zerstörten Nordhausen *auf*gebaut – eins der „Typ B" genannten Standardmodelle mit einem polygonalen Altarraum für ca. 500 Sitzplätze. Der Kirchen-Typ, entworfen vom renommierten Otto Bartning, wurde aufgrund der zeitbedingten Materialengpässe in optimierter Bauweise erstellt, die zu kreativen und praktischen Lösungen führte. Die Konstruktion bestand aus vorgefertigten Holzbindern, Dachtafeln sowie normierten Fenstern und Türen. Beispielhaft erscheinen aus heutiger Sicht der sparsame Umgang mit Material und die minimale Bauzeit: Zum Ausmauern nutzten die Bauleute die gesäuberten Ziegel aus Ruinen. Die Bauzeit am Ort dauerte bis zu drei Wochen – daher lagen die Kosten auch bei ca. 10.000 Dollar.

Der evangelische Kirchenneubau „Justus Jonas" in Nordhausen

Um ein vollwertiges neues Gotteshaus zur Verfügung zu haben, hatten die Verantwortlichen in der ehemaligen NS-Rüstungshochburg (und damit auch „folgerichtig" kaputt gebombten Stadt) Nordhausen dafür gesorgt, in das Provisorium das gerettete bronzene Taufbecken von 1429 aus der evangelischen Petrikirche zu überführen. Um 1949, zeitlich noch nahe an den deutschen Kriegsverbrechen und in unmittelbarer Nähe des Menschen vernichtenden KZ-Außenlagers „Dora", gab es allen Grund, in die Kirche zu gehen und um Vergebung zu bitten. Es ist aber zu bezweifeln, ob die wirklichen Täter dies taten.

Evangelische Kirche „Justus Jonas", Nordhausen-Niedersalza • Hüpedenweg 54 • 99734 Nordhausen • www.ev-kirchen kreis-suedharz.de; www.karstwanderweg.de/kirchen/salza/justus/index.htm

Ebenfalls nach den Systemlösungen Otto Bartnings entstanden mit dem gleichen Nothilfeprogramm zwischen

1949 und 1953 vorgefertigte Gemeindezentren und Diaspo-rakapellen. Eine der ersten fand 1950 ihren Platz nicht weit entfernt vom Haupteingang der „iga" im grünen Südwesten Erfurts. Besonderes Merkmal der kleinen, unscheinbaren Kapelle in der Cyriakssiedlung sind die als Außenwände ver-wendeten Trümmersteine, während der überwiegende Teil des modern erscheinenden Gebäudes aus Holz besteht. – Mit diesen beiden Exemplaren aus dem „Serienkirchen-programm" hat auch der wichtigste Architekt deutscher Kirchenbauten im 20. Jahrhundert eine marginale Spur seines Wirkens in Thüringen hinterlassen. Unerwartet tat sich damit eine späte „Wiedergutmachung" für den Biogra-phiebruch auf, der Bartning schon vor der großen Macht-übernahme der Nazis traf: 1930 verlor er seine Stellung als Direktor der Bauhausschule Weimar an einen zum ästheti-schen Programm der Nationalsozialisten besser passenden Kollegen (Schultze-Naumburg).

Cyriakkapelle Erfurt • Im Gebreite 75 • 99094 Erfurt • www.cyriakkapelle.de

Ein Ort für die jüdische Minderheit in Thüringen

Die SED und der Staatsapparat schufen gleich nach 1945 mit der Opfer-Organisation „Vereinigung der Verfolg-ten des Naziregimes" (VVN) eine gesellschaftspolitische Plattform für „Antifaschismus" als identitätsstiftende Ge-schichtsschreibung, besonders für das Recht auf die eigene Machtausübung. In das einfach gestrickte Muster von Tä-tern und Opfern passten die Kommunisten als die politische Schicht, die zweifellos große Opfer bei der Zerschlagung des menschenfeindlichen NS-Systems gebracht hatte. Schwieri-ger gestaltete sich diese Opfer-Zuordnung bei den von den Nazis als „natürliche" Feinde des deutschen Volkes bezeich-neten „Todfeinden" ihrer Ideologie, bei den Juden. Nach dem 2. Weltkrieg waren nicht mehr viele Vertreter dieser Religion auf dem Gebiet der SBZ verblieben – aber es war überraschenderweise die Landeshauptstadt Erfurt, in der es die größte verbliebene Gemeinde gab. Was man 1948 noch nicht ahnte war, dass das für Thüringens Hauptstadt neu geplante jüdische Gotteshaus die einzige während der 40 Jahre sozialistische DDR gebaute Synagoge sein würde. Nach einem Streit um den ersten Entwurf des Erfurter Architekten Willy Nöckel und der Annahme seines zweiten Vorschlags 1950/51 wurde ein, den Formen der Architektur der 1950er Jahre entsprechendes, eher schmucklos-nüchternes Gebäude errichtet. Ein Beweis für die ideologische Verunsicherung im Umgang mit den jüdischen Opfern des Naziregimes findet sich selbst noch im Architekturführer der DDR, Bezirk Erfurt (1979). Dieser verzeichnet unter dem Absatz für ein Verwaltungsgebäude (!) und ohne Foto knapp: „Gegenüber J.-Gagarin-Ring 16 Synagoge, 1952 n. Entw. v. W. Nöckel für 1939 zerst. Gebäude err., einfacher Sakralbau." Solche „vornehme" Zurückhaltung verwundert mit Blick auf die Schuldigen, manchmal pauschal unter die staatliche „antifaschistische" Schutzkappe aufgenommenen Täter, selbstverständlich nicht.

Neue Synagoge Erfurt • Juri-Gagarin-Ring 16 • 99084 Erfurt • juedisches-leben.erfurt.de • Kultur- und Bildungszentrum der Jüdischen Landesgemeinde Thüringen • Juri-Gagarin-Ring 21 • 99084 Erfurt

Die Neue Synagoge Erfurt – einziger Synagogenneubau der DDR

Künstlerische Ehrung der Opfer des deutschen Faschismus

Zu den ersten drei wichtigen Gedenkstätten für die Opfer des Naziregimes auf dem Gebiet der DDR gehört das Mahnmal im kunstbeflissenen Apolda östlich von Weimar (ca. 30.000 Einw.). Geschaffen wurde es von dem an der „Kunstschule Burg Giebichenstein" in Halle (Saale) tätigen Gustav Weidanz. Das „Mahnmal für die Opfer des Faschismus" weihte man am 21.10.1951 auf einer Friedhofsanlage ein. Dieser Ort dramatisierte die thematische Situation durch eine zentrale Achse und einen Treppenanstieg zur zweifigurigen Gruppe vor einer halbrunden Werksteinwand. Die halbnackte männliche Figur schlägt, nach unten blickend, ihre Arme kreuzweise über dem Kopf zusammen; die andere, ebenfalls halbnackte männliche Figur, bezeugt durch ihr Aufblicken und den nach hinten gerissenen Arm dagegen eine aktive Abwehrhaltung – damit werden zwei unterschiedliche seelische Formen der Leidabwehr vorgeführt. Mit dieser harten und groben Formensprache und dem verwendeten Material (Stein) knüpfte Weidanz an die Ästhetik der Gefallenendenkmale von Käthe Kollwitz aus der Weimarer Republik an.

Das Mahnmal für die Opfer des Faschismus in Apolda

Denkmal für die Opfer des Faschismus • Bahnhofstraße • 99510 Apolda
Museumsbaracke, Dauerausstellung „Olle DDR" • Bahnhofstraße 42 • 99510 Apolda • Tel.: 03644/560021 • www.olle-ddr.de • Apr.–Okt. Di.–So. 10–18 Uhr, Nov.–März Di.–So. 10–17 Uhr

Zeugen der Stilwende: Kulturhäuser in Neuhaus a. R., Unterwellenborn und Geisa

Im Städtchen Neuhaus am Rennweg (6.000 Einw.), dessen Zentrum 1945 durch massive Luftangriffe schwer zerstört wurde, versuchte man mit dem Bau eines Kulturhauses die neue Zeit auch architektonisch einzuleiten. Gleichzeitig mit der Erhebung des Ortes zur Kreisstadt (1952) entstand am Markt nach Entwürfen von Gustav Schmidt ein Kulturgebäude im Stile der „Nationalen Tradition", womit der Formenkanon der Baugeschichte in die entstehende sozialistische Realität adaptiert und weitergeführt werden sollte. Einige typische Merkmale dieser neo-eklektizistischen sozialistischen Architektur fanden sich auch am Kulturhaus in Neuhaus: Vor die Fassade gestellte Säulenpaare, die ein schweres Dach mit weit auskragender Traufe stützen. Der eingeschossige Saalbau mit ca. 500 Plätzen und Bühne wurde 1950–1953 in monolithischer Bauweise errichtet; später wurden eine Gaststätte und eine Bibliothek angebaut (1968 und 1974).
Kulturhaus Neuhaus a. R. • Marktstraße 3 • 98724 Neuhaus am Rennweg • www.kulturhaus-neuhaus.de

Den neuen „Herren" im Thüringer Land (es waren anfangs tatsächlich fast ausschließlich Männer, kaum Frauen beteiligt) war der „Kulturkampf" ihres gesellschaftspolitischen Konzepts bewusst: Es musste eine *Kulturrevolution* werden, nicht nur gegen die vorherigen „Herren" des selbst ernannten Dritten Reiches, sondern auch gegen die Kirchen und andere „Träger des Irrationalen". Allerdings übersah mancher Staats- und Parteifunktionär, dass sie und ihre Architekten Anfang der fünfziger Jahre damit begannen, eigene „Kirchen" zu errichten, Paläste ihrer ideologischen Diktatur. Einem war dies aber klar, und er hinterließ seine Gedanken als Aufklärung für die Nachkommenden in einem Beitrag für die Fachzeitschrift *Deutsche Architektur*. Josef Kaiser, einer der am Entwurf des Kulturpalastes Unterwellenborn maßgeblich beteiligten Architekten, schrieb 1954 zum Phänomen des Kulturhauses: „Kulturhäuser sind ein Geschenk des Sozialismus an den werktätigen Menschen. Als kulturpolitisches Zentrum der neuen Gesellschaft werden sie in Zukunft in unseren Dörfern und Städten als Begriff und als Bauwerk eine ebenso bedeutende Stellung einnehmen wie die eindrucksvollen Monumentalbauten in vergangenen Jahrhunderten. Wie diese werden sie sich in Raumfolge und Aufbau zum Typus vereinheitlichen und in ihrer künstlerischen Aussage zu einem Symbol unserer Zeit verdichten ...".

Man kann, wenn man 40 Jahre DDR insgesamt als Maßstab nimmt, Kaiser bedingt zustimmen, auch wenn man der pathetischen Wortwahl nicht folgt: Kulturhäuser wurden zumindest in den 1950er bis 1970er Jahren zu kulturellen Zentren in Stadt und Land, für alle Generationen. Was dort geboten wurde, von Theater, Estrade, Konzert, Kino bis zur künstlerischen Selbstbetätigung, stand in seiner Qualität und in der politisch-ideologischen Zielrichtung auf einem anderen Blatt. Zugestehen muss man aber der realsozialistischen Gesellschaft, dass ihre Vordenker sich um eine Kulturrevolution bemühten, die allen Bürgern zu niedrigen Preisen und ohne Ansehen einer „Klasse" oder „Schicht" die Beteiligung ermöglichte.

Hanns Hopp und Josef Kaiser schufen mit dem 1952–1955 errichteten Kulturpalast der Maxhütte in Unterwellenborn (bei Saalfeld) die „Mutter" aller DDR-Kulturhäuser, wenn man denn die pathetische Terminologie der Kulturrevolutionäre ironisch fortschreiben wollte. Architekturhistorisch formuliert: Das Bauwerk avancierte zum Schlüsselprojekt des neuen Baustils in Thüringen. Dabei bedienten sich die Bauherren deutlich an Proportionen und Dekorationen des

Der klassizistische Stilelemente zitierende „Kulturpalast" – heute „Saalepalais" – in Unterwellenborn

Klassizismus, der Stilrichtung einer nach Ansicht marxistisch-leninistischer Ideologen „progressiven Periode" des Bürgertums. Aus dieser historischen Perspektive waren stilistische Zitate möglich, die an die Stelle des feudalen Souveräns den Arbeiter in seiner anerkannten Würde als Schaffender setzte – und damit den Bautyp von alten thüringischen Schlossanlagen übernahm. Aber auch die spätfeudale und frühbürgerliche Ära von Theater- und Opernbauten (in Thüringen z. B. in Weimar, Meiningen und Gera) wurde in die zitierende Erbe-Rezeption einbezogen, auch wenn der Schwerpunkt im Raumprogramm auf die Volksbildung in Klub-, Zirkel- und Studienräumen gelegt wurde. Dieses Raumprogramm orientierte sich zeitgemäß am sowjetischen Vorbild – während der große Saal im Mittelpunkt stand, wurden ein Ballettsaal, ein kleines Auditorium, Zirkelräume und Bibliothek in die Gebäudeflügel eingeordnet. Der Kulturpalast in Unterwellenborn wurde bereits zu seiner Zeit als der größte und wichtigste Kulturhausbau der DDR in den fünfziger Jahren betrachtet. Zu seiner Eröffnung am 13.10.1955 war auch der Präsident der Deutschen Bauakademie Kurt Liebknecht (Sohn von Karl Liebknecht) anwesend. Architektur und Ausstattung des Palastes entsprachen der programmatischen Bedeutung des Baus – und dieser Bedeutung die bildkünstlerischen Elemente im und am Bau. Das Giebelrelief zeigt allegorische Figuren der Dichtkunst, der Schauspielkunst und der Musik von H. Volwahsen. Die Sgraffiti in den Feldern der vorderen Giebel (Symbole der Kunstgattungen) stammen vom Dresdner Hermann Glöckner; die Mosaiken in den Kartuschen über den Haupteingängen (Symbolische Darstellungen der fünf Künste) von Max Lachnit. Alles in allem fungierte der Kulturpalast als Modell einer Kulturauffassung, die sich architektonisch strikt vom NS-Heimatstil, aber auch von der Moderne des Bauhauses abgrenzt. Dass der bewusste neoklassizistische Ansatz (Grundformen als Kombination des Berliner Brandenburger Tors und der dortigen Staatsoper) und die betont „freundliche Farbigkeit in Rosa und Weiß" als Kontrast zum Grau der NS-Monumentalbauten auch ästhetische Ablehnung hervorrufen könnte, schien für die Bauherren kein Kriterium gegen die Durchsetzung ihrer Ideen zu sein: Sie wollten das Neue, das Eigene – mitten auf der Wiese, nahe eines Industriebetriebes.

Für die gewiss lohnenswerte Darstellung der 40jährigen Geschichte des Palastes als „kulturelles Zentrum für die Werktätigen des Betriebes und regionales kulturelles Zentrum" ist hier leider kein Platz. Ergänzt werden können aber marginale Umstände am Rande: z. B. verzeichnet der Architekturführer DDR, Bezirk Gera (1981) für den Entwurf neben H. Hopp noch T. Reimer und W. Rubinow verantwortlich. Irgendwann wurde der Kulturpalast nach dem ersten Kulturminister der DDR, dem Dichter Johannes R. Becher, benannt – hatte er in dem Gebäude jemals öffentlich gelesen? Das finsterste Kapitel im Zusammenhang mit der „Kulturhütte" des VEB Maxhütte wurde während der „DDR-Zeit" ohnehin verschwiegen: Die im Barackenlager hinter Stacheldraht in sichtbarer Nähe des Palastes einsitzenden Gefangenen, die an lebensgefährlichen Maschinen und Hochofenanlagen schuften mussten, darunter auch Wehrdienstverweigerer und andere politische Gefangene, die keiner Seele ein Leid zugefügt hatten. Für die Weggesperrten gab es keine

Kultur, keine Kirche und keinen Kulturkampf. Für sie hieß
der Kampf: Überleben.

Ehem. „Kulturpalast", jetzt „Saalepalais" • Heinrich-Heine-
Straße • 07333 Unterwellenborn • Förderverein Gasmaschinen-
zentrale e. V. • Bergweg 1 • 07333 Unterwellenborn • www.gas
maschinenzentrale.de

Selbst in die letzte Ecke, wenige Kilometer vor die feindli-
che Westgrenze der DDR, wurde die neue Kulturidee ge-
tragen: eines der insgesamt ca. 30 Kulturhäuser in den drei
Thüringer Bezirken wurde 1953/54 im Dorf Geisa erbaut.
Das vom Entwurfsbüro für Hoch- und Industriebau Erfurt
(Heinrich Weiß) geplante ländliche Kulturhaus bot im Erdgeschoss einen großen Saal (460–550 Plätze) sowie ein Foyer mit Büffet; im Obergeschoss die Bibliothek mit Lese- und
Zirkelraum. Als Kunst am Bau konnten Sgraffiti mit Folk-
lorepaaren an der Fassade gelten. Bemerkenswert für den
Rechteckbau mit hohem, herabgezogenem Walmdach ist
die deutliche Orientierung am nationalsozialistischen Hei-
matstil. Für das Anlehnen des Entwurfs an die Stilmittel der
NS-Architektur sprechen auch schmale Fenster, die die gesamte Fassadenhöhe einnehmen. Dass das Kulturhaus nicht
im Architekturführer des Bezirkes Suhl (1989) verzeichnet

Das Kulturhaus im Rhöndorf Geisa

wurde, dürfte weniger an der NS-Stil-Nähe gelegen haben, als an der Lage im Grenzgebiet – es war von normalen DDR-Bürgern nicht zu besuchen.

Kulturhaus Geisa • Bahnhofstraße 8 • 36419 Geisa

Filme für eine „Neue Zeit" in Kinos namens „Filmtheater" und „Volkslichtspiele"

Dass die Projektanten und Erbauer ihr neues Nachkriegs-Kino in Nordhausen als Film*theater* bezeichneten, hatte seine Berechtigung: Durch den Eingang an der Frontseite des 4stöckigen Gebäudes ging der Besucher durch ein Foyer in den Zuschauerraum mit 800 Plätzen – mit Spielbühne und echtem Orchestergraben. Die Größe des Baus war der Bevölkerungszahl der im Wiederaufbau befindlichen Stadt angemessen, und auch der Name des Unternehmens entsprach ganz dem Wiederaufbauprogramm der arg gebeutelten Stadt: „Neue Zeit" – das war ein aussagekräftiges Programm für die neuen Bürger in einer neuen Gesellschaftsordnung.

Dem hohen Bildungsziel entsprachen gewiss auch die im Filmtheater gezeigten Filme, die zumeist aus der Sowjetunion kamen. Die Nähe des künstlerisch illuminierten Lebens zum realen Dasein belegte die Integration des „Filmtheaters" in die symmetrische Anlage eines viergeschossigen Wohn- und Geschäftshauses, nach einem Entwurf des für Nordhausen in den 1950er Jahren „stilbildenden" Friedrich Stabe. Die von ihm projektierten Bauten orientierten sich einerseits an den alten Stadtstrukturen, andererseits hielten sie sich an den damals aktuellen Stil der „Nationalen Tradition", wie z. B. bei Wohnungsbauten in der Nordhäuser Innenstadt 1953–1956 (vgl. dazu Kap. II).

Ehem. Filmtheater „Neue Zeit", jetzt Filmpalast Neue Zeit • Töpferstraße 1 • 99734 Nordhausen

Nicht weniger anspruchsvoll trat die „Neue Zeit" 1956 in die traditionelle Theater-Hochburg Meiningen ein – vielleicht

Das Filmtheater „Neue Zeit" in Nordhausen

als kulturpolitisches Trostpflaster dafür, dass sich die Funktionäre in Berlin für Suhl und gegen Meiningen als Bezirksstadt entschieden hatten. Mit dem ambitionierten Namen „Volkslichtspiele" knüpften sie bei der Namensgebung allerdings an das durch die NS-Propaganda belastete Wort „Volk" an, wie an anderer Stelle auch (z. B. „Volkswacht" für die SED-Bezirkszeitung Gera). „Lichtspiele" dagegen war ein wahrer und traditioneller Gattungsbegriff des Kinos, konnte also auch von der älteren Generation im Volk angenommen werden. Die Einrichtung neuer und architektonisch-technisch anspruchsvoller Kinos in den fünfziger Jahren knüpfte an die hohe Bedeutung der Filmkunst in der Sowjetunion an. Sie trug dort entscheidend zur Verbreitung der ideologisch-kulturellen Bildung und Erziehung zum Kommunismus bei, besonders auf dem Lande. In der DDR konnte man auch bei der Produktion neuer Filme an die deutschen Traditionen in Babelsberg anknüpfen: Die berühmten Studios lagen am Rande Berlins auf DDR-Gebiet. Für das gezielte Sendungsbewusstsein der Filmemacher und die organisierten Eingriffe der „parteilichen Zensur" war die Filmproduktion von Anfang an das ideale Medium der Kulturpolitik. Die Stadttheater dagegen, in der regionalen Reduzierung ihrer öffentlichen Wirkung, sträubten sich von Beginn an bis zuletzt gegen Vereinnahmungen und Einsprüche durch SED-Politiker. Die Volkslichtspiele Meiningen, vom Entwurfs-büro Hochbau des Rates des Bezirkes Suhl ersonnen, ent-sprachen durch den großen Zuschauerraum (ca. 500 Plät-ze), mit Loge und Bühne den Ansprüchen der Mittelstadt (ca. 25.000 Einw.). In den 1950er Jahren stritten Film und Kino tapfer an der „Kultur-Front" zwischen dem alten groß-herzoglichen Theater und dem aufkeimenden Fernsehwahn. Dass sie dem neuen Medium Schritt für Schritt unterlagen, lag zweifellos auch am guten Fernsehempfang von ARD und ZDF in Meiningen.

Ehem. Kino „Volkslichtspiele", jetzt Meininger Sportpark • Neu-Ulmer-Straße 31 • 98917 Meiningen

Letzter Kulturhaus-Kampf: Auslaufmodell in Suhl

Hermann Räder (als Leiter eines Kollektivs) kann als Bei-spiel für den kulturpolitischen Zickzack-Kurs der SED in den ersten Jahren der DDR gelten: Noch 1952 hatte er in Ruhla ein sachliches Kulturhaus entworfen – vier Jahre spä-ter setzte er mit dem Kulturhaus im Zentrum von Suhl quasi den „Schlussstein" unter den neoklassizistischen Dekorstil der frühen DDR-Jahre. Just im Jahre des Baubeginns 1955 wurden die Architekten und Bauherren von den Kulturfunk-tionären genötigt, dem sowjetischen „Zuckerbäckerstil" abzuschwören und künftig schneller, schmuckloser und besonders auch billiger zu bauen. Inzwischen setzten aber die Bauarbeiter den Entwurf des Räder-Kollektivs um und feierten im Jahr 1957 die Weihe eines Gebäudes, das viel Ähnlichkeit mit dem Kulturpalast Unterwellenborn auf-wies. Allerdings hatte dieser erste Theaterbau in der neuen Bezirksstadt mehrere Funktionen zu erfüllen; dazu wurde es nachvollziehbar sinnvoll mitten in die Altstadt eingepasst. Seine Baumasse wurde pragmatisch getrennt, so dass der Bühnenturm mit Verwaltung und Volkshochschule der berg-seitig gelegenen Bahnhofstraße zugeordnet wurde. Das für

Der erhaltene Portalbau des heute zu Teilen abgerissenen Kulturhauses in Suhl

diesen Baustil so typische Portal mit Säulenvorbau und Drei-
ecksgiebel dominiert auf der Gegenseite den Zentralen Platz
mit einer portalbreiten Freitreppe als kolossalen Zugang in
den „Palast". Großzügig teilen sich Theatersaal (690 Plätze),
Kinosaal (ca. 400 Plätze) und gastronomische Einrichtung
den Bau. Wie in den 1950er Jahren üblich wurde das Gebäude in monolithischer Wandbauweise und Stahlbeton-
Skelettkonstruktion errichtet; 1976/78 ergänzte man ein
Funktionsgebäude mit Probensaal.
Die unvermeidliche Kunst am Bau fiel dann schon ziemlich
karg aus: Eine Betonplastik (!) von Erich Wurzer „ziert" das
Giebeldreieck: drei nackte Männer, die sich an den Händen
halten (1957). Der Architekturführer des Bezirkes Suhl ver-
meldete noch 1989 stolz: „Der Bau des Kulturhauses steht
am Anfang der sozialistischen Umgestaltung der Bezirksstadt." Bedeutend an der Errichtung war, dass es das einzige
bis 1960 in einer Bezirksstadt verwirklichte Kulturhaus-
Projekt blieb. Erfreulich für Suhl und Trost war die Tatsache,
dass nach diesem Symbol stalinistischer Ästhetik auch alle
anderen Baustile von 40 Jahren DDR-Architektur ihre Zeugnisse in der Stadt hinterließen.

Mahnen über der Stadt der „unschuldigen" Täter

Während in den drei Bezirken das Bauen im Rahmen des „Aufbaus des Sozialismus" Mitte der 1950er Jahre dynamische Fahrt aufnahm, verorteten sich viele Opfer noch in der Nähe der Orte ihrer überlebten Leiden – an erster Stelle auf den nördlichen Höhenzügen über der Klassikerstadt Weimar. Hier konnte man – nach der moralischen Nacht der Naziverbrechen – nicht einfach zur Tagesordnung übergehen, auch wenn sich die DDR einer antifaschistischen Erbe-Tradition verschrieben hatte. Aber erst nach der Auflösung des sowjetischen Speziallagers auf dem Boden des ehemaligen KZ Buchenwald um 1950 wurde von 1954 bis 1958 zum Gedenken an die Opfer ein Denkmalkomplex nach Entwürfen von Ludwig Deiters, Hans Grotewohl u. a. errichtet. So manchem aufmerksamen Zeitgenossen drängte sich durch die Monumentalität der Anlage eine bedenkliche Ähnlichkeit mit der Architektur des Dritten Reiches auf, die gerade in Weimar einige großkotzige Klötzer hinterlassen hatte.

Das Buchenwald-Mahnmal

Die Schöpfer des Mahnmals schufen ein durchgängiges Terrain, das den Leidensweg der Opfer nachgehbar machte: Vom Eingangstor führt der Weg vorbei an Stelen von Graetz, Grzimek und Kies, die das Lagerleben darstellen, hinab in die Niederungen des drohenden Todes. An der folgenden „Straße der Nationen" stehen Natursteinpylonen mit den Namen von achtzehn Staaten, aus denen die Opfer des Martyriums stammten. Am anderen Ende der Straße beginnt der Aufstieg zurück ins Leben, vorbei an der von Fritz Cremer geschaffenen Bronzegruppe, die in der DDR als optisch-ästhetisches Zeichen für den Widerstand gegen den Faschismus galt. Über alles hinaus ragt der Glockenturm als Symbol des Lichts – weit hin über Weimar, bei guter Sicht bis Apolda und Erfurt, auch heute noch.

Buchenwald-Mahnmal • 99427 Weimar-Buchenwald • Tel.: 03643/430200 • www.buchenwald.de • Mo.–So. bis zum Einbruch der Dunkelheit

Kirchen am Weg zum Sozialismus

Ausgerechnet in unmittelbarer Nähe des Mahnmals, neben der Reihenhaussiedlung (für die Täter) am Hang des Ettersberges (gebaut nach 1939), errichtete die Katholische Kirche von 1955 bis 1957 eine neue, schlichte Chorturmkirche in traditioneller Bauweise. Den Entwurf der Kirche lieferte J. Reuter; die Reliefs am Westgiebel (H. Braun) stellen eine Predigt des Namenspatrons St. Bonifatius dar. Als weitere künstlerisch-religiöse Interieurs fanden Kruzifix und Tabernakel (Joachim Kaiser) sowie Mosaiken in der Saalkirche ihren Platz.

Katholische Kirche St. Bonifatius in Weimar-Schöndorf • Edith-Stein-Straße 1 • 99427 Weimar

Etwa zur gleichen Zeit errichteten auch die zugezogenen Katholiken in Erfurt-Gispersleben einen Glockenturm, in einer Baugruppe verbunden mit Kirchgebäude und Pfarrhaus rund um einen Hof. Gotische Gestaltungsformen sind an den schmalen hochrechteckigen Fenstern wiederzuerkennen, ebenso erinnert die Deckenkonstruktion an einen gotischen Spitzbogen. Dass eine geplante Orgelempore Mitte der fünfziger Jahre dann doch nicht realisiert werden konnte, hing mit Möglichkeiten und Problemen beim Bau von Kirchen während der Ära des „Kulturkampfes" im ersten Jahrzehnt der DDR zusammen: Die Zahl der Katholiken wuchs damals in der Gemeinde St. Antonius auf über eintausend Mitglieder an. Im traditionell eigentlich protestantischen Gispersleben stellte sich der erste Pater dennoch der Aufgabe, gleichzeitig eine Gemeinde zu gründen und ein Gotteshaus zu errichten – und fand in dem ehemaligen Stahlbauunternehmer Dr. Fleckner einen Partner, der keine Notkirche projektierte, sondern ein massives Gebäude. Durch die Baustoffknappheit in der Nachkriegszeit wurde der Entwurf als Backsteinbau realisiert, was der Kirche einen zusätzlichen „Charme" verlieh. Dass die Verwirklichung des Baues auf immer neue Hindernisse stieß und sich die Fertigstellung bis 1956 verzögerte, verwunderte bei der Konfrontation zwischen dem religionsfeindlichen Parteiapparat und den Kirchen nicht: Inzwischen richtete ja der antifaschistische Staat eigene Glockentürme in Richtung Himmel.

Katholische Gemeindekirche St. Antonius Erfurt-Gispersleben • Neustrelitzer Straße 18 • 99091 Erfurt

Es gehörte auch zu dem von der SED-Seite unfair geführten Kulturkampf, beide Kirchen im offiziellen „Architekturführer DDR, Bezirk Erfurt" *nicht* aufzuführen: Kirche und Religion, das sollte etwas mit Mittelalter und Vergangenheit zu tun haben und bestenfalls Touristen anlocken. Dass es Gläubige gab im sozialistischen Staat DDR, behandelte man lange Jahre als überholte Randerscheinung der Gesellschaft, bis sich später viele Christen und Mitglieder anderer Religionsgemeinschaften sowohl dem „Kulturkampf" als auch den politischen Herausforderungen der Zeit offensiv stellten, so, wie es einige Repräsentanten der Kirchen schon in der Anfangszeit praktizierten.

Bischöflicher Kommissar und katholischer Bischof in der Thüringer Diaspora

Die Heilige Katholische Kirche von Rom vernachlässigte ihre Diözesen im „ungläubigen" Osten Deutschlands keineswegs: Sie entsandte sowohl erfahrene Vertreter nach Erfurt und ins Eichsfeld, wie auch andererseits bedeutsame Theologen ihre Laufbahn im Thüringischen begannen. Zu den Älteren zählte der aus Würzburg stammende Theologe und spätere Weihbischof Karl Ebert (1916–1974), der als Kuratus und Pfarrer in Wernshausen wirkte, danach 1959 nach Unterwellenborn (!) versetzt wurde und 1968 zum Dekan des Dekanats Saalfeld avancierte. 1971 wurde Ebert eingesetzt als Bischöflicher Kommissar (welch Wort im Land sowjetischer Kommissare) des Bischofs von Würzburg in Meiningen. Karl Ebert starb 1974 als Weihbischof des Apostolischen Administrators in Erfurt und Meiningen.

Die zentrale Bedeutung Erfurts als Ort der Lehre unterstreicht die Biographie des späteren Bischofs von Berlin (1980), des Vorsitzenden der Berliner Bischofskonferenz

Georg Sterzinsky, Joachim Meisner und Karl Lehmann (von links) auf der ersten gemeinsamen Tagung der deutschen katholischen Bischöfe aus Ost und West seit rund 25 Jahren im März 1990 in Augsburg

(1982–1989), Kardinals (seit 1983) und Mitglieds vatikanischer Kongregationen Joachim Meisner (*1933 in Breslau). Die Laufbahn des heute noch in den Medien präsenten Kirchenmannes nahm nach der Flucht 1945 nach Körner bei Mühlhausen in den sechziger Jahren in Thüringen an Fahrt auf. Nach dem Studium der Theologie in Magdeburg wurde Meisner 1963–1966 Kaplan in Heiligenstadt und Erfurt, 1966 Rektor der Diözesancaritas, Promotion zum Dr. theol. (1969) und zum Weihbischof von Erfurt-Meiningen ernannt. Es ist nicht übertrieben zu behaupten, dass der heutige, streitbare Bischof Joachim Meisner seine Lehrjahre „in der DDR", in Thüringen erlebt hat. Es ist nachvollziehbar, dass er sein selbstbewusst-kritisches Wesen als Kirchenmann in der Diaspora des Kommunismus geschärft hat, auch durch die Bekanntschaft mit dem Erzbischof von Krakow Karol Wojtyla, dem späteren Papst Johannes Paul II. – Kaum bekannt sein dürfte das Kurztreffen Kardinal Meisners mit dem Staatsratsvorsitzenden Erich Honecker am 23.10.1987 im Palast der Republik in Berlin. Diese Begegnung galt als Vorbedingung zur Vorbereitung des für 1991 geplanten Papst-Besuches in der DDR. Die Geschichte hat dieses einmalige Ereignis nicht verwirklicht, aus gutem Grund. Joachim Meisner hätte den Papstbesuch auch nicht mehr als Kardinal im Osten feiern können: Am 20.12.1988 wurde er zum Erzbischof von Köln ernannt, im Februar 1989 übersiedelte er (problemlos) aus der DDR nach Köln zur Amtseinführung.

Aufrüstung im atheistischen Kulturkampf: Neue Architektur im Eichsfeld

In der katholischen Enklave des traditionell protestantischen, nach Gründung der DDR weitgehend atheistischen Umfelds im Nordwesten Thüringens engagierte sich der „Arbeiter-und-Bauern-Staat" besonders nachdrücklich: Wenn schon nicht die Alten (Gläubigen), dann sollten zumindest die Jungen für das Neue, „gesellschaftswissenschaftlich"

Begründete gewonnen werden. Dem 1958 ins Leben gerufenen „Eichsfeldplan" folgte neben der primären industriellen Förderung auch die kulturelle: Die Grenzlage im äußersten Westen der DDR sollte kompensiert werden. Von diesem Plan, und mit gezieltem Elan vorangetrieben, wurde 1960–1964 in das Zentrum der Kreisstadt Heilbad Heiligenstadt (pikanterweise mit dem Namen an Glaube und Religion gemahnend), ein modernes, sozialistisches Kulturensemble gepflanzt: Mit Schwimmhalle, Gaststättentrakt und großzügig ausgeführtem (Kreis-) Kulturhaus. Entworfen wurden die zwei gegeneinander versetzten und mit einem Gang verbundenen Baukörper von Franz Ollertz, Gerd Widder und Heinz Fienold. Besonders auffällig ist das verglaste Foyer im Obergeschoss über dem vorgezogenen Eingang mit seitlich begrenzenden Wänden als Durchbruchsplastik von Kurt Grohmann. Die travertinverkleidete Fassade des Gaststättentraktes (Klubhaus) ging einladend zur Straße hin. Das 500-Plätze-Saalgebäude wurde in traditioneller Bauweise errichtet, erhielt aber eine, neuesten Anforderungen genügende, technische Ausrüstung (theatertaugliche Obermaschinerie). Das Gesamtensemble des KKH „Dr. Theodor Neubauer" galt bereits zu seiner Einweihung 1964 als Fortschritt im Kulturhausbau der DDR. Neuere Fachliteratur grenzt die Anlage gegen den Kulturhausbau der 1950er Jahre ab: Keine „Arbeiter-und-Bauern-Tempel" mehr, sondern Architektur mit einem modernen „DDR-Gesicht" im Rahmen der zentralen baupolitischen Vorgaben und dennoch regionaler Besonderheiten.

Ehem. Kreiskulturhaus Heiligenstadt, jetzt Eichsfelder Kulturhaus • Aegidienstraße 11 A • 37308 Heilbad Heiligenstadt • www.eichsfelder-kulturhaus.de

Protestanten bauen eine Kirche ins nationalsozialistische Erbe Weimars

Wesentlich später als ihre katholischen Glaubensbrüder rangen sich die evangelischen Christen in Weimar zum neuen

Die Stephanuskirche im Weimarer Ortsteil Schöndorf

Kirchenbau durch, aber auch in mittelbarer Nähe des ehemaligen KZ Buchenwald. Mit der Stephanuskirche auf der Hauptstraße des im Norden Weimars gelegenen Schöndorf gelang dem Einheimischen Klaus Kaufmann ein Entwurf, der sich hinter dem Überangebot moderner Architektur in und um die Klassikerstadt herum nicht zu verstecken braucht. Der Kirchenbau trägt sowohl Züge des (durch die Bilder Feiningers) berühmten Kirchleins in Gelmeroda als auch der sachlichen Moderne aus den zwanziger Jahren. Dennoch präsentiert sich das Gebäude als originäres Einzelstück: Die Ansichtsflächen der südlichen Eingangsseite, dem Dorf zugewandt, steigen mit den Trauflinien des hohen Schieferdaches bis zu den Giebeln der Ost- und Westseite an. Weil der Turm nicht mittig, sondern asymmetrisch „links" angesetzt wurde, ergibt sich „rechts" eine größere Fläche für vier unterschiedlich hohe, klein unterteilte Fenster; da spielen Jugendstilelemente ebenso hinein wie klarer Konstruktivismus. Der große Kirchsaal wirkt durch hellen, groben Putz, Klinkerfußboden und Gestühl, besonders aber durch die Verglasung der Südseite hell und warm. Im Altarraum erinnert eine Plastik (das Kreuz inmitten einer stilisierten Dornenhecke) auch an die Leiden der Häftlinge im KZ Buchenwald. Die wurden von den protestantischen Christen weder nach Nationen, noch nach politischer Überzeugung, Rasse oder Neigung „sortiert" – es zählten die Demütigungen und Qualen, die sie von deutschen Überzeugungstätern erleiden mussten.

Evangelische Stephanuskirche Schöndorf • Schöndorfer Hauptstraße 5 • 99427 Weimar • www.kirchenkreis-weimar.de

Die Zwei-Wege-Kirche der Protestanten in Thüringen

Obwohl dieser Reiseführer nicht die Kirchengeschichte der EKD der DDR nachzeichnen will, kann er einem Blick auf den Zustand dieser größten Religionsgemeinschaft im Osten Deutschlands von 1949 bis 1990 nicht ausweichen. Vor allem verweisen einige Biographien von Zeitzeugen auf geschichtliche Zusammenhänge, die immer wieder „hochgekocht" werden. Für den heutigen Leser salopp formuliert: Ein Teil der Kirchenglieder ließ sich auf den verständlichen Weg der „Kirche im Sozialismus" ein (was auch bedeutete: *Christen im Sozialismus*). Der andere Teil blieb auf dem Weg der Unabhängigkeit, des fundamentalen Bekenntnisses zur Bibel, wie es Martin Luther unter anderem in Thüringen formuliert und weitergegeben hatte. Diese beiden Wege zweier „Teile" der evangelischen Christenheit sollen hier auch deshalb erwähnt werden, weil sich die Hauptwege im Untergangsstadium der DDR, spätestens seit Anfang der achtziger Jahre, strikt trennten und zu extremen Unterschieden in den Biographien leitender Christen und Politiker auch in der Ev.-Luth. Kirche Thüringens tendierten bzw. – grober ausgedrückt – ausarteten.

Selbstverständlich waren die Biographien nicht auf zwei Wege zu reduzieren, und schon gar nicht nur auf einen, den „Thüringer Weg" – dafür stehen hier zwei verschiedene, jede für sich aber auch nachvollziehbare Biographien, geordnet nur nach dem Geburtsdatum, nicht nach Karriere, Rolle oder Funktion in der kirchlichen Hierarchie.

Moritz Mitzenheim (1891–1977)

Der spätere Bischof wurde im thüringischen Hildburghausen geboren als Sohn eines Oberstudienrates. Er studierte u. a. in Leipzig und Jena; nach der Ordination war er weiter in Thüringen tätig als Vikar in Grabe (bei Saalfeld), 1917–1929 als Diakonus in Saalfeld und dann als Pfarrer in Eisenach (bis 1945). Während des NS-Regimes gehörte er zur Bekennenden Kirche, wurde 1943 Leiter des Landesbruderrats der Bekennenden Kirche. Nach 1945 ging es weiter bergauf: Im Mai wurde Mitzenheim Vorsitzender des Thüringer Landeskirchenrats, 1947 Landesbischof der Ev.-Luth. Kirche in Thüringen. Auch öffentliche Meriten stellten sich ein: 1947 Dr. h. c. der FSU Jena, Teilnahme an der Gründungsversammlung des Lutherischen Weltbunds in Lund, 1948 Delegierter zum I. Deutschen Volkskongress und schließlich 1955–1961 Mitglied des (gesamtdeutschen) Rates der EKD. Danach vermerkt die lange Biographie des Thüringer „Oberhirten", dass Mitzenheim Befürworter kooperativer Beziehungen zwischen Kirche und Staat gewesen sei sowie maßgeblicher Initiator des umstrittenen „Thüringer Weges": Dies bedeutete in der Praxis, dass man konsequent staatsloyale Kirchenpolitik betrieb, im Gegensatz zur Mehrheit der (anderen) Landeskirchen in der DDR.

Vom Ende der fünfziger Jahre bis zu seinem Ruhestand 1970 pflegte der Bischof intensiv die kirchlichen Beziehungen zu Kirchenvertretern der UdSSR und anderen „Bruderstaaten" in Osteuropa. Dafür wurde er vielfach geehrt (Vaterländischer Verdienstorden in Gold, Stern der Völkerfreundschaft). Der Gipfel seiner Nähe zu Partei und Staat war dann im August 1964 sein Treffen mit dem Staatsratsvorsitzenden und SED-Führer Wal-

Moritz Mitzenheim (2. von links)

ter Ulbricht – ausgerechnet auf der Wartburg, dem Fluchtort Martin Luthers. In dessen theologischer Nähe wähnte sich Mitzenheim aber ohnehin: Als konservativer Lutheraner, der unter Berufung auf dessen „Zwei-Reiche-Lehre" erklärte, Christen hätten „Gott und der Staatsregierung" zu dienen. War der Bischof zu naiv, um zu bemerken, dass dieser Regierung auch andere dienten, und nicht nur mit den Mitteln vertrauensvoller Nächstenliebe? Sein juristischer stellvertretender Oberkirchenrat Gerhard Lotz jedenfalls trug als Verräter den IM-Namen „Karl" – und gehörte damit eher dem Reich der Finsternis an.

Erich Hertzsch (1902–1995)

Auch der evangelische Theologe Erich Hertzsch war ein waschechter Thüringer, am Anfang des 20. Jahrhunderts geboren bei Kahla, in Jenas Nähe. Sein Bildungsweg begann in Rudolstadt (Abitur) sowie Tübingen und Jena (Theologie und Jura). Bei einem Werkstudium im Ruhrgebiet knüpfte er erste Kontakte zur sozialistischen Arbeiterbewegung – dies sollte seinen weiteren Weg prägen. Stationen danach waren das Vikariat in Leutenberg (Thür.), 1926–1929 Pfarrer in Hartroda, dann bis 1932 in Bucha. 1931 trat Hertzsch in die SPD ein sowie in den Bund religiöser Sozialisten. Folgerichtig war dann sein Engagement während der NS-Zeit als Pfarrer in der Arbeitergemeinde Eisenach-West, als er sich zur Rettung von Juden einsetzte.

Dass Erich Hertzsch nach dem Krieg der SED beitrat und ab 1946 sogar Mitglied der SED-Fraktion des Thüringer Landtags wurde, unterstreicht seine offene und konstruktive Haltung zur „neuen Zeit" mit dem großen Traum von sozialer Gerechtigkeit. 1950 trat er enttäuscht von der „weltanschaulichen Intoleranz der Partei" aus der SED wieder aus. Sein politisches Engagement war aber schon seit 1945 breiter gefächert: 1945–1947 als OKR in der Thüringer Kirchenleitung unter Mitzenheim war er u. a. zuständig für die Entnazifizierung der Landeskirche; 1947 Berufung zum Prof. und ab 1948 Prof. mit Lehrstuhl für praktische Theologie am Institut für Theologie der FSU Jena; 1. Vorsitzender des Wiss. Beirats für die Theologischen Fakultäten beim Staatssekretär für Hoch- und Fachschulwesen u.a.m. – Auch Erich Hertzsch wurde mit dem VVO geehrt, wenn auch „nur" in Silber (1962). Nach seinem Rückzug aus der Politik und seiner Emeritierung 1969 fand er dann die Zeit für seine noch heute interessanten theoretischen Schriften zur „Wirklichkeit in der Kirche" und andere Forschungen und Aufsätze zu den Themen, die ihm sein Leben gebracht und abverlangt hatte: Zur Stellung der Kirche in der Kultur z.B., oder zur Einführung psychologischer Methoden in der Seelsorge. Erich Hertzsch starb 1995 nach einem erfüllten, abwechslungsreichen Leben in Hamburg.

Am Ende des Lebens im Sozialismus: Krematorien

Die streitbare Gegnerschaft der politisch Führenden zu Religionen und zum „Irrationalen" an sich bröckelte in den Grenzregionen: Geburt und Tod, Taufe und Begräbnis. Gestorben wurde auch im Sozialismus, und die außerordentlich hohe Selbstmordrate der DDR verwies auf ungelöste Konflikte in seelischen Bereichen. Jenseits aller ideologischen Feindseligkeiten musste das Problem des Sterbens der Menschen sowohl kulturell als auch pragmatisch gelöst werden, durch Friedhöfe und Krematorien. Das menschenfeindliche Erbe der Nazis (belegt u. a. mit der technologisch-organisatorischen Zusammenarbeit des *Erfurter* Unternehmens „Topf & Söhne" mit den Vernichtungseinrichtungen der SS in ganz Europa) musste zwangsläufig kulturell „aufgefangen" werden. Dieser Aufgabe hatten sich auch Architekten zu stellen. Ein besonders gelungener und hochwertiger Bau gelang Bernhard Klemm und Jürgen Schieferdecker im westthüringischen Schmalkalden. Der 1966/67 errichtete dreischiffige Mauerwerksbau beherbergt gleichzeitig im hangseitigen Untergeschoss das Krematorium und eine räumlich davon getrennte Feierhalle mit 100 Plätzen. Die Lage auf dem Hauptfriedhof hebt die Bedeutung des Gebäudes: Auf der höchsten Stelle der Freianlage überragt es mit seinem gestalteten Giebel auch die Kronen der landestypischen Bäume. Die Ära und Aura der „Neuen Zeit" wurde mit dem axial davor angelegten Mahnmal für die Opfer des Faschismus und Militarismus unterstrichen.

Krematorium und Aussegnungshalle • Eichelbach • 98574 Schmalkalden

Eine wesentlich größere Dimension verlangte der Neubau eines Krematoriums auf dem Erfurter Hauptfriedhof. Der Friedhof war bereits 1914 am westlichen Stadtrand als parkähnliche Anlage entstanden; das Eingangsgebäude dazu entwarfen die Architekten Klaß und Peters. Für die besondere Bauaufgabe in den 1970er Jahren griffen die Verantwortlichen auf die Erfahrungen eines ungarischen Fachmanns zurück: Janos Szabo entwarf einen kubischen Baukörper mit zwei Feierhallen; das zurückgesetzte Erdgeschoss wurde großflächig verglast. Als Besonderheit können die gestaffelt voneinander abgesetzten mächtigen Baukörper gelten, sowie die beiden breiten Freitreppen hinauf zum Foyer. Dass

Krematorium mit den Feierhallen auf dem Erfurter Hauptfriedhof

sich der Treppengang im Inneren wieder nach unten hinab-
senkt, kann man als Metapher vom Werden und Vergehen
verstehen – eine Deutung, die den atheistischen Erbauern
vermutlich naheliegend war und sich auch mit dem Metall-
relief „Leben und Sterben" zwischen den Freitreppen inhalt-
lich verband.

Krematorium auf dem Hauptfriedhof Erfurt • Binderslebener
Landstraße 75 • 99092 Erfurt

Erhalten des Alten –
in Greiz und anderswo

Beim eifrigen Errichten der „Prachtbauten des Sozialismus"
vergaß man von den 1960er Jahren an die von den Thüringer Fürstentümern (allzu-)reichlich geerbten Prachtbauten
früherer Jahrhunderte nicht. Allerdings fehlten (allzu-)oft
die materiellen, finanziellen und besonders die handwerks-
strukturellen Voraussetzungen für den Erhalt der kunst-
historischen Perlen, die während der DDR-Zeit in großer
Anzahl verfielen. Dennoch gab es in den Thüringer Bezirken
ein beachtliches Engagement von Denkmalschützern, gut
ausgebildeten Architekten und Bauingenieuren, die punktuell „Leucht-Schlösser" in die immer mehr ergrauende Ar-
chitekturlandschaft stellten. In den sechziger Jahren war
es besonders die vom „Institut für Denkmalpflege" (IfD)
engagierte (und finanzierte) Truppe um Hans Schoder, Rudolf Zießler und Jürgen Seifert, die in Greiz, Zeulenroda,
Saalfeld, Paulinzella und Thalbürgel u.a. Schlösser, Klös-
ter und Apotheken restaurierte. Auch die Nationale For-
schungs- und Gedenkstätte der klassischen deutschen Literatur (NFG) unterstützte Restaurierungen, wie z.B. das von
Goethe gern intim genutzte Wasserschloss Großkochberg
bei Rudolstadt.

Sommerpalais Greiz • Greizer Park 1 • 07973 Greiz • Tel.:
03661/70580 • www.sommerpalais-greiz.de • Staatliche Bü-
cher- und Kupferstichsammlung mit Satiricum: Apr.–Sept. Di.–So.
10–17 Uhr, Okt.–März Di.–So. 10–16 Uhr

Das Sommerpalais Greiz – ein Beispiel der Denkmalpflege in der DDR

Mit dem abgebildeten Sommerpalais wurde in Greiz ein Zeichen gesetzt, das die Stadt in den 1960er Jahren wohl dringend benötigte: Den Erhalt ihrer Identität. Über und über getaucht in die Refugien der mittelalterlichen Hinterlassenschaft, der Parks und Schlösschen, garniert mit wenigen Sahnehäubchen von Jugendstil- und Bauhausgebäuden, wurde das 38.000-Einw.-Städtchen von den obligatorischen Grau-Bauten des Sozialismus förmlich in die Enge des Elstertalkessels gedrückt. Der Architekturführer des Bezirkes Gera (1981) verzeichnet neben den unansehnlichen und durchschnittlichen Wohngebieten die Industrieanlage des VEB Papierfabrik, die „Plasttechnik Greiz-Dölau" und das Naherholungs- und Kulturzentrum Waldhaus – allerdings streng getrennt von den zuvor aufgeführten bedeutenden Renaissance- und Rokokodekorationen der Schlösser und klassizistischen Ausstattungen der Stadtkirche und einer Hauptwache. Es ist, als ob sich die Stadt gegen die profane Vereinnahmung wehren wollte – dass sich vor allem bedeutende Zeitgenossen gegen eine zu krude „Proletarisierung" zur Wehr setzten. Oder wie sollte man es deuten, dass sich in der Stadt an der Grenze von Thüringen und dem Vogtland einige absonderliche Biographien zwischen Poesie und Wahn entwickelten? Biographien zwischen Reussischer Romantik, medizinisch-wissenschaftlicher Innovation und kommunistischem Übereifer? Von den in Greiz groß gewordenen Dichtern Reiner Kunze und Günther Ullmann; dem Waisenkind, Mitbegründer der Sozialdemokratie in der DDR 1989 und kurz darauf als IM enttarnten Ibrahim Böhme; sowie dem weltbekannten „Plastinator" Gunther von Hagens, der an einer Greizer Oberschule und an der FSU Jena als Medizinstudent noch Gunther Liebchen hieß, soll hier nur der inzwischen achtzigjährige Lyriker Reiner Kunze vorgestellt werden.

Reiner Kunze – wenige wunderbare Jahre in der Altstadt von Greiz

Auch wenn er inzwischen einen großen Teil seines Lebens auf der Sonnenseite Bayerns verbracht hat, fühlt sich Kunze am meisten als Thüringer. Die Hügel seiner eigentlichen, erzgebirgischen Heimat fanden ihre literarische Bekrönung in der Greizer Schlosslandschaft:

erinnerung an greiz

Häuserhänge wie
von naiven gemalt, längs
der dächer führn straßen schornsteine stehn
wie kilometersteine

Am schloßturm
fahnen, ausgehängt nach
ost und west, zwei
taube ohren

Der kirchturm eine schusterahle
für die schuhe gottes

Wälder wälder, auszuschweigen
das wort

Reiner Kunze (1966)

Wenn man als Liebhaber seiner sanft-kritischen Gedichte seinen sensiblen Wegen von Hoffnung, Erstaunen, Enttäuschung und Verbitterung folgt, kann man die erregte Flucht aus der Heimat Greiz im April 1977 nachvollziehen: Die Macht war ihm mit offener Hetze (nicht: „Kritik") und mit versteckten Drangsalierungen und Spitzelberichten zu nahe gekommen. Wenn die Macht dem Geist „auf den Geist" geht, wie der Volksmund sagt, bleibt dem Den-

Reiner Kunze bei einer Lesung in Schorndorf

ker meist nur die Flucht als Lösung. Kunze hatte Glück, dass es im Westen seines Gesamt-Deutschlands Verständige gab, die ihm seinen lyrischen Zugriff auf die Gegenwart weiterhin ermöglichten.

Der Kulturkampf geht weiter: Stadthalle gegen Kirche, Kirche gegen Stadthalle usw.

Auch nach dem rebellischen Ruck, der 1968 durch die westliche Welt ging, und dem aufdringlichen Einrollen sowjetischer Panzer in Prag, setzte sich der Kulturkampf in der Enge der DDR vom Ende der sechziger Jahre bis Anfang der achtziger Jahre unvermindert fort. Oberflächlich schien die Staatsmacht im Vorteil, denn sie verfügte über den Boden, auf dem gebaut wurde, über die Arbeiter des Geistes und der Hände, die ihnen (wenn auch für Geld) dienten, und über die Zukunft, wie die Partei meinte. Die Kirchen bewahrten ihren alten Geist, kämpften um die neue Generation mit den immer mehr Zulauf erreichenden jungen Gemeinden, Studentengemeinden und der neuen Form, der „Kirche von unten". Dass die „Masse der Bevölkerung" nach Entspannung und künstlerischer Betätigung in den neuen Tempeln der Unterhaltung suchte, lag im Zug der Zeit, nachdem die Grundbedürfnisse im Realsozialismus immer besser befriedigt wurden (so die offizielle Sicht auf die Zustände, so auch die gängige Terminologie).

Eine architektonische Brosche auf dem modischen Kleid des Sozialismus konnte man die 1969–1972 gebaute „Stadthalle der Freundschaft" im Zentrum Suhls nennen: Nach Entwürfen von Heinz Luther und Kollektiv entstand eine Mehrzweckhalle für Kultur- und Sportveranstaltungen, die über 1.000–2.100 Plätze verfügte, eine Sportfläche von 25 × 25 m, Kegelbahn und Übungshalle im Anbau. Der architektonisch reizvolle Rundbau von 64 Metern Durchmesser wurde als Seildachkonstruktion realisiert, die in Zusammenarbeit mit einem Leningrader Institut entwickelt wurde. Innen griff man auf Stahlbeton-Skelette und monolithische Trennwände zurück; die Eingangshalle wurde an den Stützen mit Metallplatten verkleidet. Die am angrenzenden Gaststättenkomplex „Kaluga" angebrachten, pathetischen Groß-Gemälde in Industrie-Emaille, stammten von den Groß-Meistern der Groß-Bauten des Sozialismus Willi Sitte und Werner Neubert: Sie wurden inzwischen entfernt, vielleicht als Reaktion auf die irreführenden Titel der als „großflächige figürliche Wandgestaltung" bezeichneten, propagandistischen Machwerke. Sittes Opus (1976/77) hieß „Kampf und Sieg der Arbeiterklasse"; Neuberts vermalte Ansicht (1977/78): „Der internationale Charakter der Offensive des Marxismus-Leninismus" ... Wie die Titel, so die Bilder: Hauptsache groß!

Ehem. „Stadthalle der Freundschaft", jetzt Congress Centrum Suhl • Friedrich-König-Straße 7 • 98527 Suhl • www.suhl-ccs.de

Dem stürmischen Aufbau der Bezirksstadt Suhl setzte man im regionalpolitisch ausgebooteten Meiningen einen neuen Sakralbau entgegen, der mühselig gegen Widerstände und (fehlende) Materialzuweisungen realisiert wurde. Nur im Zusammenspiel mehrerer Initiativen und unter dem ostwestdeutschen Taktikspiel „Inlandexport", konnte die kirchliche Versammlungsstätte nach dem Entwurf von Armin Trautmann in den Jahren 1968–1972 zu Ende gebracht werden. Dabei entstand ein beachtenswertes Bauwerk mit leicht nach außen knickenden Wandseiten, die zusammen mit der Dachneigung eine erstaunliche dreidimensionale Körperhaftigkeit ergeben. Im Inneren lebt die Kirche von den verschiedenen Lichtöffnungen, z. B. den künstlerisch gestalteten Glasfenstern. Auch an anderen Stellen verbindet sich der geistliche Bau mit kreativen Elementen offenbar „begeisterter" Künstler.

Katholische Kirche St. Marien • Mauergasse 22 a • 98617 Meiningen

Die großzügige Landnahme durch moderne Bauten des sozialistischen Sozialstaats DDR setzte im tief katholischen Eichsfeld auch in den 1970er Jahren neue Akzente: Zwischen dem früheren Ortskern und den Neubaugebieten in Leinefelde-Süd wurde 1971–1974 ein üppiges „Versorgungszentrum" hochgezogen. Nach Plänen von Horst Stöcker entstanden zwei Baukörpergruppen mit einer inneren Fußgängerpassage: Östlich eine Mehrzweckhalle für Sport- und Kulturveranstaltungen, kombiniert mit einer Gaststätte (460 Plätze); im Westen das Typenprojekt einer Kaufhalle; im nördlichen Teil ein Dienstleistungs- und Kulturgebäude mit mehr baulicher Phantasie (Obergeschoss auf Stützen) nach Entwurf von Siegfried Irrgang und Wolfgang Aust. Vor den ansehnlichen Bau klotzte man allerdings einen überdimensionierten Brunnen als dunkle, nasse Brosche (Helmut Braun). Alles in allem strebte man in den neu entstandenen, „sozialistischen" Stadtzentren ganze städtebauliche Ensembles an – sowohl in kleineren und mittleren Städten wie in den Bezirks-Metropolen. Typisch für diese Ensembles war die gezielte Verbindung von Konsum (Kaufhallen, Dienstleistungsgebäude), Geselligkeit bei Speis und Trank (Gastronomie, Klubs) sowie Sport und Kultur (Mehrzweckhallen u. ä.). Dass dabei auch immer Werke der Bildenden Kunst (am Bau), Plastik sowie Denk- und Mahnmale Platz fanden, gehörte zum kulturpolitischen bzw. propagandistischen Prinzip sozialistischer Lebensraum-Gestaltung.

Kunst und Plastik in der Stadtlandschaft: Zwischen Agitation und Phantasie

Helmut Braun war nicht nur mit seinem Brunnen in Leine-felde hervorgetreten: Er etablierte sich als meistbeschäftig-ter „Bildender Plastiker" im Bezirk Erfurt. Zu seinen älte-ren Werken zählt die Brunnenplastik an der Mittelschule in Gräfentonna (s. o.). Brauns „Spur der Plastiken" zog sich durch die fünfziger bis siebziger Jahre weiter durch mehrere Orte Mittelthüringens, z. B. Reliefs am Eingang des Hörsaal-gebäudes der Frauenklinik (1956) und die Giebelplastik am Audimax der PH Erfurt (1961), Plastiken auf einem Kinder-spielplatz im Wohnkomplex Johannesplatz in Erfurt (1970) und Freiplastiken vor dem neugebauten Postamt in Söm-

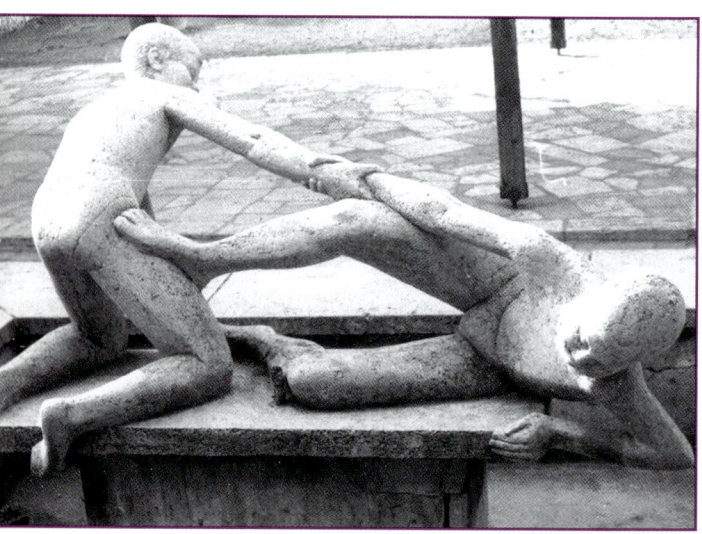

Die Brunnenplastik an der ehemaligen POS Juri Gagarin in Gräfen-tonna

Die katholische Kirche St. Bonifatius in Weimar, Ortsteil Schöndorf

merda (1976). Man kann den Eindruck bekommen, dass es sich als Künstler in den drei Thüringer Bezirken gut leben ließ – wenn man denn genügend Aufträge bekam. Dazu gehörten allerdings nicht nur bildhauerisches Talent, sondern auch gute Verbindungen zu dem vieles beherrschenden Künstlerverband, der nicht alle Talentierten aufnahm und zum kreativen Zuge kommen ließen. Helmut Braun gehörte aber offenbar zu den Künstlern seines Fachs, die mehrere Seiten im Kulturkampf bedienten: Auch am Westgiebel der Katholischen Kirche St. Bonifatius in Weimar (s. o.) findet sich eines seiner Reliefs, das dort allerdings eine Predigt des Kirchenheiligen darstellt.

Die gewöhnlichen, erwünschten und damit auch am meisten realisierten Themen öffentlicher Kunstwerke waren der antifaschistische Kampf, der Anteil der Sowjetsoldaten am Sieg über den Nazismus und die Arbeiterklasse allgemein und konkret. Die entsprechenden Gedenkstätten, Denkmale und Mahnmale hinterließen während der DDR-Ära eine in ihrer künstlerischen Qualität sehr unterschiedliche Spur in Thüringen. Dennoch sollte man dieser Spur weder mit Denkmalstürzen begegnen noch mit später Heldenverehrung – beides ist nach 1990 vorgekommen. Im Bezirk Suhl schuf der ortsansässige Erich Wurzer eine Gedenkstätte nach der anderen, kein Wunder, dass sie irgendwann einander glichen. Typisch für seinen Stil war die ursprünglich am Ernst-Thälmann-Platz errichtete und 1963 vom ersten sowjetischen Kosmonauten enthüllte „Gedenkstätte zu Ehren der Kämpfer gegen den Faschismus", die jetzt im Stadtpark steht. Parteioffiziell wurde dazu formuliert: „Künstlerischer Mittelpunkt der gestreckten Strukturwand mit Inschrift ist eine überlebensgroße, stark plastische Denkmalgruppe von Wurzer, die den Kampf, das Leiden und den Sieg der Arbeiterklasse über Ausbeutung und faschistische Barbarei zum Ausdruck bringt." Sicher konnten auch andere Deutungen gefunden werden – oder war die offizielle Deutung eineindeutig, mathematisch und gesellschaftswissenschaftlich „richtig"?

Erich Wurzer hatte bereits die Betonplastik in den Giebel des großen Kulturhauses platziert (1957), eine Brunnenplastik mit dem Titel „Gnom" (als Rückkehr in die heimische Mystik) in eine Plattenbausiedlung eingebracht sowie Bronze- und Tonbüsten von Ziolkowski und Juri Gagarin an der Volkssternwarte auf dem Hoheloh (1977) untergebracht – alles das in der aufblühenden sozialistischen Stadt Suhl.

Auch länger zurückliegenden Ereignissen wurde mit Mahnmalen gedacht, wenn sie nur in das Erbe-Konzept des „Arbeiter-und-Bauern-Staates" passten. Dazu gehörten auch die Kämpfe des Proletariats Anfang der zwanziger Jahre des 20. Jahrhunderts. Zur Erinnerung an die Schlacht bei Zickra (südlich von Gera) wurde 1970 ein von einem Kollektiv Greizer Künstler gestaltetes Mahnmal eingeweiht. Das Relief stellt die Entwaffnung der Kapp-Putschisten dar, da nach der Legende im März 1920 zwei Reichswehrbataillone vor Arbeiterwehren aus Gera, Werdau, Greiz und Zeulenroda kapitulierten. Als überschaubare Anlage wahrt dieses Mahnmal, an einer öffentlichen Straße gelegen, auf angenehme Weise das optische und ästhetische Maß und lässt dem Besucher Raum zu emotionaler Reaktion.

Mahnmal bei Zickra • Ortsteil Zickra • 07980 Berga/Elster

Die Partei als Erbin des Bauernkrieges – das Geschichts-Panorama Bad Frankenhausen

Aber auch viel frühere Epochen und geschichtliche Ereignisse vereinnahmten die Kulturobmänner der führenden Partei – je früher, desto weiter ausgebreitet lief ihre offensive Erberezeptions-Maschinerie. Während die Einordnung der traditionell als „Bauernkrieg" bezeichneten Erhebungen in die „Frühbürgerliche Revolution in Deutschland" noch nachvollziehbar war, schossen die Erbe-Jäger aus dem Ministerium für Kultur mit den Ehrungen von Martin Luther und Friedrich II., als Irgendwie-, Irgendwo- und Irgendwann-„Vorläufer" der sozialistischen DDR, über das Ziel hinaus. Dagegen stand das auf historischer, blutgetränkter Erde im Städtchen Bad Frankenhausen (ca. 7.000 Einw.) errichtete Panorama-Museum noch auf dem Boden bäuerisch-adligen Klassenkampfes – unterstrichen durch eine dort erlittene entscheidende Niederlage der thüringischen Bauern: *Katharsis* also, mit dem ideologischen Etikett „Die Enkel fechten's besser aus!". Gewiss ein guter historischer und politischer Grund, auf den erst nach langer Bauzeit (1974–1980 das Gebäude; 1976–1987 das Gemälde), und erst im Spätsommer 1989 dann die Krone der Einweihung durch die versammelte Partei- und Staatsführung gesetzt werden konnte.

Das im Tageslicht hell leuchtende Rundgebäude auf einem grün bewaldeten Hügelrücken wirkt gleichzeitig „kolossal" als Bauwerk und durchaus „verspielt" wie ein Kinderspielzeug in der weiten Landschaft am Südrand des Kyffhäusergebirges. Der vom DDR-Volk (den Bauern?) herabsetzend (und liebevoll?) als „Elefantenklo" bezeichnete Zylinder wurde aus gebogenen Betonschalen formiert; die konvexe Außenwand hält im Inneren die 120 m lange Leinwand des Panoramagemäldes zum Bauernkrieg von einem der produktivsten und bei einem sehr breiten Rezipienten-Kreis anerkannten Maler Werner Tübke aus Leipzig. Das von Gleb Samodelkin entworfene Gesamtensemble, einschließlich der ergänzenden, unterhalb des eindrucksvollen Mahnmals

Das Panoramamuseum bei Bad Frankenhausen

gelegenen Nebengebäude (Café, Studiokino), stellt ohne
Zweifel den Gipfelpunkt optischer und architektonisch
phantasievoller Erbe-Rezeption in Thüringen während der
DDR-Ära dar.

Panoramamuseum • Am Schlachtberg 9 • 06567 Bad Frankenhausen • Tel.: 034671/6190 • www.panorama-museum.de • Nov.–
März Di.–So. 10–17 Uhr, Apr.–Okt. Di.–So. 10–18 Uhr, Juli/Aug.
auch Mo. 13–18 Uhr, öffentliche Führungen jede volle Stunde

Reformator unter den Dächern der „Kirche von unten"

Es war ein Thüringer, der einen wesentlichen innovativen
Impuls in die protestantische Kirche auf dem Boden der
DDR einbrachte: Walter Schilling, geb. 1930 in Sonneberg
als Sohn eines Superintendenten, aufgewachsen in Ober-
lind (Thür.). Nach dem Abitur 1948 ging er (notgedrungen)
für einige Jahre nach Westdeutschland, absolvierte u. a. ein
Werkstudium im Bergbau. Sein Studium der Theologie führte ihn von Münster über Heidelberg zurück nach Thüringen
an die FSU Jena; nach dem 1. Theolog. Examen wurde er Vikar in Braunsdorf (Kreis Rudolstadt), nach dem 2. Examen

ernannte ihn die Kirchenleitung zum Kreisjugendpfarrer. Dort in der Nähe Rudolstadts startete Schilling auch sein Lebensabenteuer, das ihn in der oppositionellen Jugendszene der DDR legendär machte: ab 1959 baute er ein kirchliches Jugendheim auf, dessen Leitung er auch übernahm. Mit äußerstem Misstrauen vom Staat und dessen „Sicherheit" verfolgt, von kirchlichen Behörden aber auch mit Argwohn beobachtet, beteiligte er sich seit 1968 maßgeblich an der Konzipierung und am praktischen Aufbau der sozialdiakonischen „offenen Arbeit" in der thüringischen Landeskirche. Sowohl mit einigen seiner Amtskollegen als auch mit dem MfS geriet er in permanente Konflikte, bis er 1974 als Leiter des Jugendheims abgesetzt wurde und das Haus auf Betreiben des MfS (unter tätiger Mithilfe kirchlicher Spitzel dieses „Organs") geschlossen wurde. Pfarrer Schilling blieb bis zum Ende des SED-Staats als aufrechter Bürgerrechtler immer auf der Seite hilfebedürftiger junger Leute; seit 1987 war er wichtiger Inspirator, Organisator und Repräsentant der aus der „offenen Arbeit" hervorgegangenen „Kirche von unten". An den Protestaktionen während der „Friedlichen Revolution" in Berlin beteiligte er sich an vorderster Stelle; ab 1990 übernahm er die Leitung des Heims für „offene Arbeit" in Braunsdorf. Seine politische Arbeit setzte er u. a. fort als Berater der Thüringer Kirche für die Aufarbeitung der mannigfachen MfS-Verstrickungen; dazu und zu den Grundlagen der „offenen Arbeit" verfasste er auch Aufsätze. 1994 ging Walter Schilling in den Ruhestand nach einem intensiven Leben für die evangelisch-lutherische Kirche: Ein würdiger Erbe Martin Luthers in seiner thüringischen Heimat, eine Wurzel der Friedlichen Revolution am Ende der DDR. 2013 verstarb Pfarrer Schilling in Saalfeld.

Authentisches Künstlerleben mitten im Realsozialismus

Die meisten der Künstler in den drei Thüringer Bezirken konnten von den öffentlichen Aufträgen, die über den

Verband Bildender Künstler (VBK) im Zusammenwirken mit anderen staatlichen Organen (Räte der Bezirke, Referent(inn)en für Bildende Kunst) und Betrieben (VVB, VEB, LPG usw.) vergeben wurden, gut leben. Nähe zur Macht (also zur Partei) war erwünscht, Mitgliedschaft in der SED oder in anderen Parteien und Organisationen förderlich. In der Realität gab es durchaus Spielräume für Themen und Werke, das hing von subjektiven Möglichkeiten und regionalen Bedingungen ab. Nicht jeder ging mit seinem Wirken und seinen Werken kritiklos auf die Wünsche der örtlichen Funktionäre ein wie Erich Wurzer in Südthüringen und Suhl.

In der Nähe von Weida fiel zum Beispiel der 1943 in Saalfeld geborene Horst Sakulowski aus dem nicht immer malerischen Rahmen, der den Bildenden Künstlern vorgehängt wurde. Zwar schuf auch er für „gesellschaftliche Bauten" wie das FDGB-Urlauberheim in Bad Blankenburg „bestellte" Werke, gab sich aber als Kreativer mit solchen Aufträgen nicht zufrieden. Nach einem Studium an der Leipziger Hochschule für Grafik und Buchkunst (1962–1967) ließ er sich in einem Kloster bei Weida nieder und galt als Freischaffender im Geraer Umfeld als „unangepasst". Sakulowski engagierte sich nach Aufnahme in den VBK (1970) an hervorragender Stelle in diesem für die Auftragsvergabe wichtigen Gremium: von 1972 bis 1989 war er Vorsitzender der Sektion Malerei und Grafik im Bezirksverband Gera. Seine künstlerische Tätigkeit breitete sich auf die Bereiche Malerei, Plastik, Zeichnung, Installationen, Objekte und Mitarbeit an Filmen aus. Aber nicht durch diese breite Streuung und die Menge seiner Werke, sondern wegen ihrer originellen Qualität findet man die Spuren seiner Farben und Formen auch heute noch in Altenburg und Gera, in Dresden und Jena, sowie im Panorama-Museum Bad Frankenhausen und in der Sammlung des Deutschen Bundestags in Berlin – aber ebenso in seiner Heimatstadt Weida.

Durch Brunnen fließen Wasser, Zeit und Vergangenheit

Für den aus Oberweid/ Rhön stammenden Bildhauer Waldo Dörsch (1928–2012) boten sich in Suhl und Erfurt Möglichkeiten, innerstädtische Bauten mit Kunstwerken zu kontrastieren. In Erfurt hatte er 1982 den Neuen Angerbrunnen vor dem Kaufhaus realisieren können; in Suhl gelang ihm mit der Brun-

Waldo Dörsch

nenanlage „Diana auf der Jagd" (1983/84) die Krönung seiner architekturbezogenen Kunst. Im Fußgängerbereich Steinweg, an der Nahtstelle zwischen altem und neuem Stadtzentrum, schuf er eine dreiteilige überlebensgroße Figurengruppe in Bronze (gegossen in Lauchhammer). Die Plastik bricht mit einer legendären Jagdszene ganz bewusst die umgebende geradlinige Architektur mit Symbo-

Der Dianabrunnen vor dem Centrum-Warenhaus Suhl

len sinnlicher Lebenslust. Gefasst wird die Plastik vom hexagonalen Brunnenbecken mit Sitznischen. Waldo Dörsch bezieht sich mit seinem Werk auf die Geschichte des Thüringer Waldes ebenso, wie er die Tradition des Jagdwaffen-Handwerks in Suhl betont. Auch der erhoffte Nebeneffekt des Kunstwerks wird eindrucksvoll erreicht: Im Kontext mit Bauaufgaben zur Schaffung einer sozialistischen Groß-Stadt wurde Regionalisierung durch Heimat-Motivik angestrebt, um die Identifizierung der Bürger mit ihrer neuen Stadt zu verbessern.

Dianabrunnen • Steinweg • 98527 Suhl

Anstrengendes Erbe: die üppige Stadttheaterlandschaft schrumpft

Das Theater als kulturgeschichtliche Erscheinung gehörte der verronnenen Klassik und deren spätbürgerlichen Ausläufern an: Thüringen mit seiner zerrissenen politischen Landkarte war das ideale Spiel-Feld für Theaterbauten von Altenburg bis Meiningen und für Dramatiker von Goethe und Schiller bis Wedekind und Brecht. Dass diese Ära Mitte des 20. Jahrhunderts langsam zu Ende ging, darüber konnten auch der importierte sowjetische „Sozialistische Realismus" und seine von der Partei geförderten Wiederbelebungsversuche in der DDR nicht hinwegtäuschen. Bis in die 1970er Jahre hinein verteidigte die Gattung Theater tapfer ihre Stellungen, in den drei Thüringer Bezirken unter anderem in Eisenach und Erfurt, in Weimar und Gera mit z. T. überdurchschnittlichen Inszenierungen in der Oper, im Schauspiel und im Ballett. Auf Dauer konnte man aber dem medialen Angriff durch den Film und besonders durch das Fernsehen nicht Stand halten, und es ist als sehr anerkennenswerte Leistung der DDR-Kulturpolitik anzusehen, dass nahezu alle in Thüringen „geerbten" Theater in ihrer baulichen Substanz erhalten werden konnten. Dass ausgerechnet das Theater in Jena, einem traditionell fortschrittlichen Ort technischer und sozialer Moderne, 1988 teilweise

Das Puppentheater Waidspeicher am Domplatz in Erfurt

abgerissen wurde, war ohne Zweifel ein Akt von kultureller Barbarei: Das Gebäude war Anfang der 1920er Jahre unter Mitwirkung des Bauhauskünstlers Walter Gropius umgebaut worden.

So muss man nüchtern resümieren, dass es in Thüringen lediglich zu *einem* Theater-Neubau kam, der im Bereich der „kleinen Form" von Kabarett und Puppentheater stattfand. Aber sowohl das Puppentheater als auch das Kabarett lagen im Trend einer neuen Geselligkeit und waren in großen Städten gefragt. Sie hatten für Kinder und Jugendliche einen Bildungsauftrag, und abends sorgten sie für Unterhaltung und die Möglichkeit, alltägliche Probleme und Konflikte im Kabarett wegzulachen. Städtebaulich löste man die Theaterfrage in Erfurt praktisch und kreativ: Einen der alten Waidspeicher am Domplatz baute man in den achtziger Jahren so aus, dass beide Ensembles 1986 einziehen konnten. Das 1979 als 17. professionelles Puppenspiel-Ensemble der DDR gegründete „Puppentheater Waidspeicher" bezog einen Saal mit 142 Plätzen; das ebenfalls 1979 als Sparte des Theaters Erfurt formierte Kabarettensemble „Die Arche" nahm die obere Etage in Beschlag. Dort offerierte man entspannungsbedürftigen Zuschauern im gehobenen Ambiente (Bar im Foyer, Sessel für ca. 120 Zuschauer) Kleinkunst mit Musik, Kabarett und Gastspielen „auf hohem Niveau", wie das DDR-Deutsch gern ernsthaft, nicht etwa satirisch formulierte.

Theater Waidspeicher (Puppentheater, Kabarett) • Domplatz 18 • 99084 Erfurt • www.waidspeicher.de

Kino und Klub für Urlauber auf der „Thüringer Höh"

Auch auf dem Lande griff man bei Projekten moderner kultureller Kommunikationsformen auf das Vorhandene zurück und nahm es kreativ in die Zukunft mit. Im Ortsteil Herger von Trusetal (in der Nähe des Wintersportgebiets Brotterode) wurde 1985 in nur sechs Monaten Bauzeit eine ehemalige Schlauchweberei rekonstruiert und zu einem architektonischen Kleinod mit Kinosaal (110 Pl.) für Studioprogramme und Barbetrieb im Obergeschoss und einem Jugendklub („Disco") mit 50 Plätzen umgebaut. Im Erdgeschoss ergänzt eine „gebietstypische Gaststätte" (40 Pl.) das von Klaus Wenzel entworfene kleine und feine architektonische Gesamtwerk, das in Bestimmung (keine Belehrung) und Form (individueller statt massenhafter Konsum) mit den Urformen der DDR-Kulturhäuser nichts mehr verband als eine vierzigjährige (Weiter-)Entwicklung.

Clubkino Trusetal • Bahnhofstraße 17 • 98596 Trusetal

Mit einem Museum einen Schritt zurück nach vorn

Nach den politischen Zuspitzungen in der ersten Hälfte der achtziger Jahre durch die Stationierung von Atomraketen in Ost und West, und dem Widerstand dagegen ebenfalls in West und Ost, besann man sich auf beiden Seiten des europäischen und deutschen Erbes, das durch einen Atomkrieg aufs Spiel gesetzt würde. Auch in der DDR begann man mit

Das Schillerhaus mit dem dahinterliegenden Museumsneubau

einer neuen, offeneren Form der Erbe-Aneignung, an der sich auch Kreative beteiligen konnten, die sich nicht zum öffentlichen Kotau zwingen ließen. Entsprechend dieser größeren Mitwirkungs-Toleranz und auch einer neuen, offeneren Generation gab es mehr Gestaltungs-Spielraum für große Kulturaufgaben – wenn die materiellen Mittel zur Verfügung standen, wenn „in Kultur investiert" wurde. Partei und Staat setzten vieles in Bewegung, um positives Aufsehen zu erregen, um internationale (vor allem: bundesdeutsche) Erwartungen zu erfüllen, um „Marketing" für ihre realsozialistische DDR zu betreiben. Dazu konnten und sollten vor allem Jahrestage und Jubiläen von großen Persönlichkeiten herhalten, die mit „fortschrittlichen Traditionen" oder regionalen Bezügen irgendwie in Verbindung gebracht werden konnten: Johann Sebastian Bach, Martin Luther und Johann Wolfgang von Goethe zum Beispiel für Thüringen – und natürlich Friedrich Schiller, der rebellische Dichter des Sturm und Drang.

Nach einem auf acht Teilnehmer beschränkten Architekten-Wettbewerb 1984 wurde das an der Ecke Schillerstraße/ Neugasse mitten in Weimar gelegene Wohnhaus Schillers gründlich rekonstruiert und gleichzeitig ein Museumsneubau realisiert. Das von Wolf-Dieter Cott (und Koll.) entworfene und vom VEB Stadtbau Weimar und Bau- und Montagekombinat Erfurt errichtete zwei- bis dreigeschossige Gebäude fügt sich in seinen Dimensionen, Gliederung und Materialien (z. B. Schieferdach) gut in die kleinstädtische Atmosphäre Weimars ein. Den herausfordernden Zeugnissen der Moderne in der Nähe des Weimarer Bauhauses stellt sich der einzige Museumsneubau der DDR-Zeit u. a. durch vertikale, die Ecken akzentuierende Fensteröffnungen mit Sprossenteilung als ein Element der Postmoderne. – Im November 1988 unter Beteiligung von Staats- und Parteifunktionären, aber auch von Fernsehjournalisten aus der BRD, feierlich eingeweiht, erscheint das Gebäudeensemble aus heutiger Sicht wie ein früher Vorgriff auf die spätere Wahl Weimars als Kulturhauptstadt Europas im Jahr 1999. Aber wer konnte das ahnen?

Schillers Wohnhaus und Schillermuseum • Schillerstraße 12 • 99423 Weimar • Tel.: 03643/545400 • www.klassik-stiftung.de • 16. Okt.–Dez. Di.–So. 9–16 Uhr, Führungen: Mi./Fr./Sa. 13 Uhr

Ein Kirchenneubau beendet den „Eichsfeldplan" der SED

Hatte die Sozialistische Einheitspartei Deutschlands je eine Chance, mit einem (doch rationalen, vernunftverbundenen) *Plan* die katholische Bevölkerungsmehrheit zu „überzeugen"? – Der Ausgang der Geschichte verneint diese Frage: Alle Bemühungen, Menschen aus anderen Gebieten des Landes anzusiedeln, Arbeit in neuen Industrien anzubieten, Kulturhäuser zu bauen und Neubauten mit bis dahin ungekanntem Komfort – alles vergebens? Fehlte den neuen, atheistischen Bürgern einfach der Glaube? Der Glaube auch an eine „lichte Zukunft", von der die Parteitagsbeschlüsse schwärmten, die von anpassungswilligen Autoren herbeigeschrieben, in den sozialistischen Kulturtempeln verkündet wurde? Der Eichsfeldplan der SED wurde 1961 beschlossen – aber am Ende des „Sozialismus-Experiments" (wie die vierzig Jahre DDR-Geschichte danach gern relativiert bzw.

in eine pseudo-naturwissenschaftliche Ecke gedrückt wurden) bauten die konservativen Kräfte des Irrationalen eine neue Kirche, in Leinefelde. Zwar brauchte man dazu ganze zehn Jahre, und die Probleme waren sicher die alten: Fehlendes Material, ausbleibendes Geld und ein neues Problem: Die plötzliche „Wende", das Niederreißen der Grenze zum Westen. Dennoch entstand in Leinefelde, jetzt in der Nähe von zu „Stadtvillen" transformierten Blöcken der „Wohnbaureihe Erfurt", die sehr modern aussehende Kirche „St. Bonifatius". Das von Wolfgang Lukassek entworfene Gebäude wird nun für „ewig" als größter Kirchenneubau der DDR gelten, auch wenn sie in ihren Dimensionen durchaus der inzwischen abnehmenden Größe der schrumpfenden Stadt Leinefelde entspricht.

Katholische Kirche St. Bonifatius • Bonifatiusweg 2 • 37327 Leinefelde-Worbis

Inszenierung eines Massenspektakels: Ein Bürgermeister als Regisseur

Als der Kulturkampf schon entschieden war, im März 1990, drohte ein Eichsfelder DDR-Bürger gemeinsam mit rund 80.000 Einwohnern mit einer „probeweisen Massenflucht": Wenn die baldige Einheit Deutschlands ausbliebe, wollten sie in die BRD (Niedersachsen) auswandern. Der Initiator dieses „Plans", Willibald Böck, wurde 1946 in Bernterode geboren, besuchte die EOS in Worbis, studierte 1965–1969 an der PHS in Erfurt und arbeitete als Lehrer an verschiedenen Schulen. 1965 trat er der (Ost-)CDU bei und fungierte 1984–1990 als Bürgermeister in seinem Heimatort Bernterode. Im März 1990 wurde er nach den ersten freien Wahlen Mitglied der letzten Volkskammer der DDR. Mit diesem Mandat stieg er im Oktober in seiner Heimat auf zum Innenminister Thüringens. Er blieb also doch im Lande, wie die meisten der 80.000 Eichsfelder – ob mit oder ohne Plan.

Gaststätten- und Kulturhaus des FDGB-Erholungsheims „Otto Grotewohl" in Masserberg, um 1978

ERHOLUNG, URLAUB UND LEISTUNGSSPORT

Die landschaftliche Schönheit der Mittelgebirgslandschaft, die ausgedehnten Waldgebiete und die kulturhistorisch vielfältigen Städte und Sehenswürdigkeiten haben die Thüringer Bezirke zum bedeutendsten Urlaubsgebiet der DDR gemacht (sieht man von der Ostseeküste in den Sommermonaten ab). Die Politik von Partei und Staat knüpfte bei der gezielten Ausdehnung und Verbesserung der Erholungsorte und Urlaubsgebiete auch an das bereits Vorgefundene an (das z. T. auch rücksichtslos entfernt wurde); andererseits entstanden neue Strukturen und Formen einer vom organisatorischen Rahmen her „kollektiven" Ferien-Versorgung für alle Schichten und Altersstufen: Kinderferienlager und FDGB-Heime (zu niedrigen Preisen), Zeltplätze und Hotels. In Thüringen hielten sich zwischen 1949 und 1990 auch noch kleine Pensionen und Privatvermieter: die meist kleinen Orte waren dafür prädestiniert. In größeren Orten wuchsen Plattenburgen am Rande von oder zwischen den neuen „Urlaubszentren", die fatal und nahtlos an die heimischen Plattenbausiedlungen zu Hause erinnerten: Oberhof, Friedrichroda, Finsterbergen u. a.

In den Urlaubsorten konnte man auch die neuen „Gladiatoren" des Realsozialismus sichten: Leistungssport wurde zur Identitäts-Industrie des SED-Staates. Oder, formuliert im Stil der Leninschen Kurzformel für den Aufbau des Kommunismus: Sportler(innen) + Turinabol = Medaillen. Die strahlenden Sieger und Siegerinnen von Schanzen, Bahnen und Rinnen waren die sanften, erfolgreichen „Eroberer" großer und kleiner Republiken und Königreiche auf dem ganzen Erdball – die Medaillen kündeten von der angeblichen Überlegenheit des Sozialismus über alle fünf olympischen Kontinente. Zurückgeblieben von den leistungssportlichen

Feldzügen sind jahrzehntelange, nun öffentliche Auseinandersetzungen um Doping im DDR-Sport als auch um die
Stasi-Verstrickung der „DDR-Botschafter in Trainingsanzü-
gen". Die Wahrheiten sind individuell sehr verschieden, und
sie werden noch weitere Jahre gesucht.

Die „Klassiker": Thüringer Ferienheime in den 1950er Jahren

Eines der ersten großen „FDGB-Erholungsheime" wurde
von 1951 bis 1953 im Städtchen Tabarz in einer bereits den
Fremdenverkehr pflegenden Gegend des Thüringer Waldes gebaut. Architekt Jochen Mäder entwarf einen lang-
gestreckten, dreigeschossigen Baukörper, der sich durch
Krümmung elegant dem Gelände anpasste. Die gattungsty-
pischen, durchlaufenden Balkonplatten, die auf Säulen im
Erdgeschoss ruhen, brechen zwar nicht die historisierende
Fassadengestaltung, wirken aber im Zusammenklang mit
der flachen Bauweise und dem asymmetrisch eingefügten
Querbau durchaus modern. Das in traditioneller Bauweise
errichtete Ferienheim verfügte über 112 Betten für die Urlauber. 1971/72 wurde es nach Entwürfen von Willi Koth um
ein fünfgeschossiges Bettenhaus in 5-Mp-Montagebauweise

Das FDGB-Erholungsheim in Tabarz

mit Walmdach erweitert, verbunden mit einem attraktiven, vollständig verglasten eingeschossigen Rundpavillon im Westen des Gesamtensembles.

Ehem. FDGB-Erholungsheim, jetzt Hotel „Am Burgholz" • Am Burgholz 30 • 99891 Tabarz

Für die Architektur des FDGB-Heims „Walter Ulbricht" wirkte die städtebauliche Lage prägend. Es entstand ab 1951 an der Stelle eines alten Kurhauses inmitten des traditionellen Kurortes Friedrichroda. Alfred Lorenzen entwarf eine vier- bis fünfgeschossige symmetrische Anlage mit historisierenden Formen, wie Seitenflügel mit durchlaufenden Balkonen und Walmdächer. Das kompakte Bau-Ensemble, das für die FDGB-Erholungsheime der fünfziger Jahre im Süden der DDR eine „Mutter-Rolle" spielte, bot ca. 300 Bettenplätze für die erholungsbedürftigen Werktätigen und deren Familien. Der Namenspatron Ulbricht war 1951 „im besten Alter", lebte gesund und sportlich. Nach ihm Gebäude, Stadien u. a. m. zu benennen, war eines der Merkmale des stalinistischen Personenkults in der DDR. Die Namensgebung nach dem damaligen Parteiführer war vielleicht auch ein Versuch, sich von der KdF-Urlaubs-Ideologie wenigstens auf dem Etikett von den Nationalsozialisten abzugrenzen: Immerhin fiel Architekturkritikern die Ähnlichkeit mit dem in den 1930er Jahren gebauten Kurhaus in Bad Salzungen auf, an dessen geradlinigem, aber vergröbertem Neoklassizismus der Architekt Alfred Lorenzen bereits mitgewirkt hatte.

Ehem. FDGB-Heim „Walter Ulbricht", jetzt RAMADA-Hotel • Burchardtsweg 1 • 99894 Friedrichroda

Die gute alte Zeit … neu angeeignet

Auf der Südseite des Thüringer Waldes, hinter der Bezirksgrenze Erfurt – Suhl, wurden in den fünfziger Jahren noch keine neuen FDGB-Heime in die Landschaft gesetzt. In Oberhof (ca. 2.800 Einw.) erinnerte man sich dagegen an gute alte Zeiten als Winterkurort (seit 1904) und das erste Skirennen (1931), und rief den Ort auf dem Kamm des Gebirges zum „Erholungsort der Werktätigen" aus. Da noch Bauten aus dem Deutschen Kaiserreich, aber auch aus dem NS-Staat (Kurhaus mit Park, 1937/38) erhalten waren, requirierte man diese kurzerhand: So „entstanden" dann flugs FDGB-Heime. Als „1. FDGB-Heim" Oberhofs apostrophierte man das Haus „Solidarität", erbaut 1893, erweitert 1925 – ein verschieferter Fachwerkbau im Stil der Thüringer Heimat. In Besitz genommen vom Arbeiter-und-Bauern-Staat wurde auch das schönste Gebäude des Ortes am „Platz des Friedens", in der Jugendstil-Epoche (1904) erbaut: Drei Fachwerkgeschosse auf Natursteinsockel, das Steildach mit Schiefer gedeckt. Die neuen Besitzer (der DDR-Staat) tauften das nach thüringischer Tradition riechende Gebäude mal schnell auf den gar nicht heimatlichen Namen „Hotel ‚Ernst Thälmann'", also nach einem aus Hamburg stammenden Arbeiterführer und KPD-Funktionär. Stolz und kritiklos schilderte der Architekturführer des Bezirkes Erfurt noch 1980: „113 Betten, 290 Pl. in der Gastst.; an der Rezeption Thälmann-Büste". Mit neuer Etikettierung in eine „neue Zeit"? – So schnell konnte das nicht gehen, weil aus dem lauschigen Thüringer Wald nicht schmerzlos ein kommunistisches Schlaraffenland ohne Geschichte werden konnte. Die einfachen Menschen liebten ihre Heimat, und diese Liebe zum Land wurde weitergegeben und fand immer neue Dichter und Sänger.

Der Volkssänger aus Suhl

Es gibt wohl kaum einen Musikanten und Komponisten in den 40 Jahren DDR, mit dessen Leben und Werk man besser nachweisen kann, dass „wahre Volkskunst" nur in lebenslanger enger Verbindung („Verbundenheit") mit den Orten und Menschen seiner Heimat entstehen kann: Herbert Roth wurde 1926 in Suhl geboren, lebte dort sein ganzes Dasein (wo war er im Krieg?), und starb auch in Suhl 1983. Dazwischen findet man die erstaunlichste Karriere eines Thüringers während der DDR-Ära, was die Gattung Unterhaltungsmusik betrifft. Seine Erfolge zwischen 1950 und 1983 können ganze Seiten füllen: in 32 Jahren trat er ca. 10.000 Mal auf, oft auch im Fernsehen der DDR („Oberhofer Bauernmarkt"); er lieferte über 300 Kompositionen ab, davon ca. 200 Lieder; er produzierte mit seinen Musikgruppen („Suhler Volksmusik", „Herbert Roth und

Herbert Roth mit seiner Tochter Karin

sein Ensemble") beim DDR-Plattenlabel AMIGA 18 Singles und 10 LP – und sogar eine Platte „im Westen". Seine „zeitlose" Musik fand begeisterte Anhänger in Ost und West – aber sie wurde auch verlacht und abgelehnt. Die Partei wollte keine „zeitlose" Volksmusik, ihre argwöhnischen Zensoren mussten sich erst an die „Heimatschnulzen" gewöhnen, bis

Der Gedenkstein für Herbert Roth in der Nähe der Schmücke

sie deren rand-ideologischen Wert ausmachten und natürlich ausnutzten. Die Legende ging um, dass Parteichef Walter Ulbricht persönlich nach einem Veranstaltungsbesuch sein alles entscheidendes Ja-Wort zum Liedgut Roths gab – obwohl Ulbricht doch deutlich hörbar aus Sachsen stammte, nicht aus Thüringen.

Aber alles Echte setzt sich durch, und so wird das 1951 in Suhl uraufgeführte „Rennsteiglied" in Text und Musik noch heute als „heimliche Hymne" Thüringens anerkannt, gehört und gesungen. Den Text verfasste (wie für alle weiteren Lieder Herbert Roths) sein lebenslanger Wander- und Künstlerfreund Karl Müller aus Suhl. Bis heute stimmen zu verschiedenen Gelegenheiten nicht nur Thüringer in die ersten Zeilen „Ich wand're ja so gerne/Am Rennsteig durch das Land" ein – und erst recht beim bekannten Refrain, dessen Ende lautet: „Bin ich weit in der Welt/Habe ich Verlangen/Thüringer Wald nur nach dir".

Idylle und Kultur im heimischen Wald

Der Wald als Erholungsmedium stand schon immer im Zentrum der Lebenswirklichkeit einfacher Leute in Thüringen – daran änderte auch der am Anfang der 1950er Jahre heroisch verkündete „Aufbau des Sozialismus" nichts. Bei einer Einwohnerversammlung im Jahre 1955 in Langenbach wurde beschlossen, die speziellen Wünsche der Leute nach Kultur in den „Walddörfern" zu erfüllen – und sie halfen tatkräftig dabei mit. Im Nationalen Aufbauwerk (NAW) erbaute man dann innerhalb von zwei Jahren eine Naturbühne – unentgeltlich, sozusagen ehrenamtlich. Eingeweiht wurde die Freilichtbühne im Juni 1957 ganz zünftig thüringisch mit Volkstanzgruppen und Jodeln aus der heimischen Laienkunst – bodenständig eben. Aber ganz typisch für diese fünfziger Jahre war auch, allem Neuen ein ideologisches Etikett „aufzupappen" (oder: aufzupressen) – deshalb hieß das neue, von der Bevölkerung geschaffene Kleinod im Walde offiziell „Naturtheater Deutsch-Sowjetische Freund-

Arbeiter beim Bau des Naturtheaters Steinbach-Langenbach

schaft". Die Leute aus der Umgebung nannten es „Theater im Grünen". Mit ca. 3.000 Sitzplätzen und 2.000 Stehplätzen war die Anlage das größte Freilichttheater Thüringens, das sich quasi übergangslos in die Landschaft des Thüringer Waldes einordnete. Der abgesenkte Raum für das Orchester und die Massivbauten im Bühnenbereich wurden aus Bruchsteinmauern errichtet – aus Bruch wurde Neues aufgebaut, das lag im Trend der Zeit der fünfziger Jahre. Aber darin lag auch eine Mischung aus Anlehnen an das Alte und Rebellieren gegen die Väter und gegen Grenzen in der Gesellschaft, ablesbar auch an der ersten Premiere eines professionellen Theaters in freier Natur. Am 10. Juli 1957 eröffnete das Ensemble des Meininger Theaters mit „Die Räuber" von Friedrich Schiller – dessen ländliches Exil im nahen Bauerbach schrie ja förmlich nach diesem Stück! Es folgte Carl Maria von Webers „Freischütz", eine Oper, die schon pragmatisch nach der Aufführung unter freiem Himmel verlangte. Die berühmten, traditionsreichen Meininger Theaterleute bespielten von 1957 bis 1991 (35 Spielzeiten!) die Naturbühne, über 1.200 Aufführungen, Blasmusikkonzerte, einige Rockkonzerte u. a., die von ca. 1,9 Millionen Personen besucht wurden. Dass sowohl Genres als auch die Qualität des Gezeigten und zu Gehör Gebrachten im Laufe der Zeit wechselten und schwankten und dem Kommerz Tribut zollten, lag leider auch im Trend und in der Wende der Zeiten.

Naturtheater Steinbach-Langenbach • Schönauer Straße 15 • 98667 Schleusegrund • www.theater-im-gruenen.de

Ausgebreitete Sportgebiete in den Städten: Erfurt

Es dauerte immerhin bis Mitte der 1950er Jahre, dass die Überlebenden von deutschem Nationalsozialismus und Krieg auch im Osten des Landes wieder intensiver an die Ausübung von Sport in der Breite und in der Spitze denken und investieren konnten. In Erfurt begann man 1956 mit dem Um- und Ausbau der bereits in den 1930er Jahren angelegten Sportanlage am Steigerwald; das Stadion für 35.000 Plätze („Mitteldeutsche Kampfbahn") war 1931 in Betrieb genommen worden. 1956 und 1970 wurde es zum „Georgi-Dimitroff-Stadion" ausgebaut. Als „Sportzentrum Süd" erweiterte man den übernommenen Sportbereich um ein Kunsteisstadion (1957, Arch. Heinrich Weiß) und eine Sporthalle mit 50-m-Feld (Arch. Erich Hauschild). Bekrönt wurde das Sportforum 1970 mit einer Schwimmhalle, gebaut nach Entwurf der Architektin Eva Kaltenbrunn, mit 50-m-Bahn, Lehrschwimmbecken und Sauna. Beide Hallen sind mit den für die 1960er Jahre charakteristischen hyperbolischen Stahlbetonschalen konstruiert; die Schwimmhalle wird von einer Hängeschale überspannt. Sie basierte auf einem „Wiederverwendungsprojekt" (eine in der DDR oft geübte Praxis), einer ganzen Reihe von ähnlichen Hallen unter Regie des „Staatlichen Komitees für Körperkultur und Sport Leipzig", und entsprach dem ersten in Dresden 1969 verwirklichten Schwimmhallentyp.

Ehem. Südschwimmhalle, jetzt Roland Matthes Schwimmhalle • Johann-Sebastian-Bach-Straße 6 • 99096 Erfurt • Leichtathletikhalle Erfurt • Johann-Sebastian-Bach-Straße 2 • 99096 Erfurt

Die Haupttribüne des Steigerwaldstadions in Erfurt

Natürlich durfte ein „Fahnenmonument mit Sportmotiven in Kupfer mit Blattgoldkranz" als Kunst am Bau nicht fehlen: Der „Leistungssport" (letztlich ein Tarnbegriff für „Profi-Sport") wurde in den 1960er bis 1980er Jahren zum wichtigsten Identitätsmerkmal des Staates DDR auf dem außenpolitischen Werbe-Markt. Das erklärte auch weitere Innovationsbemühungen im Sportzentrum Süd: Ein Internat mit „Sportmedizinischem Dienst" (zuständig u. a. auch für „Leistungssteigerung" mit den im benachbarten Jena bei „Jenapharm" dafür entwickelten und produzierten Mittelchen); schließlich die im Südpark, auf einem ehemaligen Friedhof (!) erbaute „Kinder- und Jugendsportschule", eine der ersten „Medaillenschmieden" in Thüringen.

Ein stiller Held des DDR-Sports: der Thüringer Schwimmer Roland Matthes

Im Jahr 2008 wurde er als erster ehemaliger DDR-Sportler in die Hall of Fame des Sports aufgenommen: Der 1950 in Pößneck geborene Roland Matthes. Seine Biographie (bis 1990) ist von so entwaffnender Geradlinigkeit, dass dem Historiker auch das Kramen im vermuteten Dopingmüll als

Roland Matthes

Beschmutzung vorkommt. Seit 1962 trainierte der hochaufgeschossene Junge beim SC Turbine Erfurt; die idealen physiologischen Voraussetzungen führten Matthes zum Rückenschwimmen als Spezialdisziplin. Der Legende nach wurde die neue Schwimmhalle 1970 extra für ihn gebaut, was bei seinem Talent und den bis dahin schon errungenen internationalen Erfolgen nicht verwundern würde: Um dauerhaft das höchste Treppchen zu besteigen, brauchte er eine 50-m-Bahn zum Trainieren. Der als bescheiden geltende weltbekannte Schwimm-Star hätte gewiss auch in anderen Ländern seine Bahnen zum olympischen Erfolg gezogen; „für die DDR" errang er allein vier Goldmedaillen bei Olympischen Spielen, die er noch heute im Safe hütet. Dass er von den SED-Funktionären hofiert wurde, mit Vaterländischen Verdienstorden (in Silber und Gold) behängt und mit einem Häuschen in Erfurt beschenkt wurde – Schwamm drüber. Erstaunlich nüchtern lebte er seine Biographie nach den Welterfolgen weiter, auch in Thüringen: Nach dem Abitur an der KJS in Erfurt und dem Diplom-Sportlehrerstudium an der DHfK Leipzig (1970–1977) studierte Roland Matthes an der FSU Jena Medizin (1978–1984); es folgte die Facharztausbildung zum Orthopäden. Der bis heute erfolgreichste Schwimmer aus den Thüringer Bergen verließ seine Heimat 1989 in Richtung Westen, ins bergige Unterfranken. Sein außergewöhnlicher Ruhm für die Sportstadt Erfurt wurde damit festgeschrieben, dass die „Südschwimmhalle" 2011 auf „Roland-Matthes-Halle" getauft wurde: Eine alte Tradition in Ostdeutschland, Neubauten mit den Namen noch lebender Zeitgenossen zu ehren (vgl. den Urlauber und Hobbysportler Walter Ulbricht).

Auch das Volk kann baden gehen

Von Anfang an sorgten die Kulturfunktionäre auch für den Breiten- und Massensport: Man sprach ja ganz bewusst von „Körperkultur" und knüpfte an die proletarische Sportbewegung der 1920er Jahre an. Im ersten Jahrzehnt der DDR-Existenz verbanden die Baumeister der sozialistischen Städte den Bau von Sportstätten meist mit neu entstehenden Wohngebieten. In der alten Residenzstadt Meiningen durfte der im Bezirk Suhl meistbeschäftigte Städtebauer Klaus Angermüller (in den fünfziger bis siebziger Jahren verantwortlich für zahlreiche städtebauliche Entwürfe von innerstädtischen Wohngebieten in Suhl, Zella-Mehlis, Schmalkalden und auch in Meiningen) am „Rohrer Berg" ein Freibad entwerfen. Die Anlage wurde terrassenförmig gestaffelt, die zugehörige Freizeitsportstätte, ein Terrassencafé und ausgedehnte Grünflächen passten sich dem Relief der Umgebung an; gebaut wurde 1958–1960.

Freizeitzentrum Rohrer Stirn • 98617 Meiningen • www.stadt werke-meiningen.de

In Nordhausen stammten die Entwürfe mehrerer auffälliger, im volkstümlichen Sinne „schöner" Gebäude oft von Friedrich Stabe, an dessen Werk in den fünfziger und sechziger

Die Gaststätte „Stadtterrasse" in Nordhausen

Jahren deutlich der Übergang von der „Nationalen Tradition" zu einer an der Moderne geschulten schnörkellosen, fast
leichten Architektur abzulesen war. Neben dem Kino „Neue
Zeit" (s. o.) belegt das die Gaststätte „Stadtterrasse", gebaut
1959. Das dreigeschossige, im Grundriss T-förmige Gebäude mit einem Restaurant im 1. Obergeschoss und einem
rundum verglasten Tanzcafé im 2. Obergeschoss setzte an
das Ende der verbreiterten Rautenstraße eine an Freizeit-
architektur orientierte pavillonartige Markierung. Der zur
Schwerelosigkeit der Terrasse scheinbar unpassend im Kontrast stehende massive zweigeschossige Sockel aus Werkstein bezieht seine Berechtigung aus dem massiven Material
der nahen Stadtmauer, die er quasi zitiert. Es ist gut vorstellbar, dass sich mit diesem gastronomischen „Komplex" auch
für den einfachen DDR-Bürger das Gefühl gehobener gastro-
nomischer und unterhaltsamer Freizeitgestaltung verband,
inmitten einer alten, schwer zerstörten Industriestadt, die
nach neuem Lebensgefühl suchte.

Ehem. Gaststätte „Stadtterrasse" • Rautenstraße • 99734 Nordhausen

Regenerieren und genießen an gestauten Gewässern im Wald

Für das Wohlgefühl der sozialistischen Menschen im neuen
Staatswesen ließ man sich nach dem Mauerbau eine ganze Menge einfallen: selbst Flüsschen wurden in Thüringen
dafür aufgestaut, da es in vielen Gebieten an Bademöglich-
keiten mangelte. Im südlich von Weimar gelegenen Hohenfelden wurde nach Konzept von Gert Bretschneider und
Dorothea Meyer ein Musterexemplar der modernen Regene-
ration geschaffen: Das Naherholungszentrum Stausee Hohenfelden. Dazu wurde durch Erddammschüttung ein 38 ha
großer künstlicher See mit Badestrand, Sport- und Spielflächen sowie einer der in der DDR beliebten Campingplätze
angelegt. Stolz war man auch auf einen Parkplatz für 1.000
PKW, mitten im Wald – ein Zeichen der Zeit und der auch

Gaststätte am Stausee Hohenfelden

in der sozialistischen Kollektiv-Gesellschaft einsetzenden
individuellen Motorisierung in den 1960er Jahren. Nach der
Einweihung der Anlage 1967 wurde dem Ganzen 1971 mit
dem Bau einer der für die DDR so typischen Gaststätten mit
Hp-Schalendach die moderne architektonische Krone aufge-
setzt. Ulrich Müther war Spezialist für diese Form von Dach-
schalenkonstruktion aus Beton, deren bekannteste Bauten
in Berlin („Ahornblatt") und Warnemünde („Teepott") standen. Die attraktive gastliche Stätte bot 250 Plätze für Hung-
rige und Durstige drinnen; auf der Terrasse standen noch
einmal 300 Plätze zur Verfügung. Nebenbei kann zur nationalen Baugeschichte vermerkt werden, dass die Technologie
des Betonschalenbaus 1923 bei „Carl Zeiss" in Jena entwickelt wurde, also auch in Thüringen.
**Gaststätte des Naherholungszentrums am Stausee Hohenfel-
den, jetzt Freizeitpark Stausee Hohenfelden** • Am Stausee 3 •
99448 Hohenfelden • www.stausee-hohenfelden.de

Die Internationale Gartenbauausstellung „iga" als Erfurter Erbe und Erweiterung

Die Internationale Gartenbauausstellung war unzweifelhaft
eine Idee des DDR-Sozialismus. Sie gründet (im wahrsten

Sinne des Wortes) auf den jahrhundertealten Anlagen einer Zitadelle im Südwesten der Stadt, die man auf Beschluss der Stadtverordnetenversammlung Erfurt 1948 zum Kulturpark „Cyriaksburg" umwandelte. Seit 1950 wurden auf dem Gelände Gartenschauen veranstaltet, die an die uralte Tradition als „Blumenstadt Erfurt" anknüpften. Aus marktähnlichen Veranstaltungen wurde dann die ständige, staatlich finanzierte Gartenschau, bis zum Ende der DDR. Ihre politische Funktion wurde darauf festgelegt, die Lehrschau des Gartenbaus im Sozialismus zu sein – mit der typischen Aufbruchsstimmung der Entstehung eines „sozialistischen Lagers" in den fünfziger Jahren. Dementsprechend wurden auf der insges. 100 ha großen Fläche auch 13 Hallen errichtet, in denen sich sechs „Bruderländer" präsentieren konnten.

Die „iga" hatte selbstverständlich auch große Bedeutung als städtisches Erholungsgebiet für die Erfurter selbst. Die großzügigen Freiflächen, ein Staudengarten und eine Wasserachse, wurden von Reinhold Lingner, später von Claus Seidel, in der Gesamtheit parkartig gestaltet. Wie auf Weltausstellungen errichtete man um ein riesiges Blumenbeet (56.000 m²) eine Reihe von Pavillons und Ausstellungshallen. Der geistige Vater der Gartenschau äußerte als Erwar-

Der von Klaus Thiele entworfene Multifunktions-Pavillon auf dem ehemaligen iga-Gelände in Erfurt

tung, dass die Gesamterscheinung die „Einheitlichkeit der humanistischen Richtung und freundschaftliche Verständigung unter den Völkern" als Merkmal der sozialistischen Gesellschaftsordnung widerspiegelt. Diese sprachlich nicht gerade blumig formulierte Hoffnung traf auf die Blumenschau in Erfurt gewiss zu: Es gab keinen Krieg unter Gärtnern und Blumenfreunden. Die banalen ideologischen Etiketten auf den Bauten – „Halle der Völkerfreundschaft", „Halle der UdSSR" – waren dem Erholungszweck nicht hinderlich. In den sechziger und siebziger Jahren wurde weiter hinzugebaut und erweitert, vor allem mit Gastronomie, dem Karl-Foerster-Garten und Spielgarten mit Pavillon für Puppentheater. – Nach 1990 wurde aus der iga" die „ega", und während einige Gebäude abgerissen wurden, kamen andere hinzu: der Gartenpark ist geblieben.

Ehem. Internationale Gartenbauausstellung (iga), jetzt Gartenbauausstellung ega • Gothaer Straße 38 • 99094 Erfurt • Tel.: 0361/5643737 • www.egapark-erfurt.de • 1. März–30. Apr. 9–18 Uhr, 1. Mai–15. Sept. 9–18.30 Uhr, 16. Sept.–31. Okt. 9–18 Uhr

Thüringen – Heimatland für Tiere aller Arten

Auch am gegenüberliegenden Stadtrand, im Norden Erfurts am Fuß und Hang des „Roten Berges", sollte ein Erholungspark für die künftig stark anwachsende Bevölkerung in den Neubaugebieten angelegt werden. Dafür planten Heinz Graffunder und Walter Funke im Jahr 1959 eine weiträumige, ebenfalls parkähnliche Anlage, einen „Zoopark". Anfangs hegte man hier vor allem vom Aussterben bedrohte einheimische Tiere und Haustiere; später kamen ein Giraffenhaus und ein Raubtierhaus (1964), ein bei allen Besuchern besonders beliebtes Affenhaus (1966) und schließlich 1984 ein Elefantenhaus hinzu.

Um den Erfurter Zoo zum „Zoo-*Park*" zu machen, musste das auf Gipskeuper liegende Gelände am Ende der fünfziger Jahre zuerst mit Bäumen bepflanzt werden – inzwischen

Zoobesucher am 1964 eingeweihten Raubtierhaus

überragen sie die Kinder, zumeist die dankbarsten Besucher von Tiergärten.

Thüringer Zoopark Erfurt • Am Zoopark 1 • 99087 Erfurt • Tel.: 0361/751880 • www.zoopark-erfurt.de • März–Okt. 9–18 Uhr, Nov.–Feb. 9–16 Uhr

Hochgezogene Hotels in Suhl und Oberhof

Nachdem der Grund für das Zentrum der sozialistischen Stadt Suhl gelegt war, setzte man mit einem für die ehemals kleine Stadt gewaltigen Hotel „noch einen drauf": Das „Thüringen-Tourist" gehörte zur DDR-Interhotel-Kette, die internationales, gehobenes Niveau anstrebte und natürlich auch Gäste aus dem Ausland (an erster Stelle die Sowjetunion, an zweiter aber schon die BRD) beherbergen sollte. Heinz Luther entwarf das fünfgeschossige Bettenhaus (176 Betten), das daneben mit einem Flachbau ergänzt wurde. Eine

Das Interhotel „Thüringen-Tourist" in Suhl 1967

Gaststätte mit 170 Plätzen und eine Tanzbar komplettierten das Gesamtensemble, das von 1963 bis 1965 erbaut wurde. Zusammen mit einem zwölfgeschossigen Hochhaus und dem bereits beschriebenen Kaufhaus wurde mit dem Hotel eine städtebauliche Komposition rund um den Herrenteich im Zentrum Suhls vollendet, die das neue Gesicht der Stadt Mitte der 1960er Jahre endgültig prägte.

Ehem. Interhotel „Thüringen-Tourist", jetzt Hotel Thüringen • Platz der Deutschen Einheit 2 • 98527 Suhl

Eine der letzten Bauten der sog. „Bildzeichenarchitektur" schuf das Entwurfskollektiv Kresimir Martinkovic mit dem Interhotel „Panorama" in Oberhof, das 1967–1969 realisiert wurde. Einzigartig in seiner architektonischen Erscheinung sollte es zwei gegeneinander versetzte Skisprungschanzen verkörpern. Das Hotel krönte die Bemühungen, Oberhof als Hauptort im Thüringer Wald für Urlauber, aber besonders für nationale und internationale Skiwettkämpfe auszubauen. Der eindrucksvolle Bau am Westhang des Schlossbergkopfes besteht aus zwei Dreiecksbaukörpern, die auf einem dreigeschossigen Sockel stehen. Während im Sockel Freizeitanlagen und Verwaltung untergebracht wurden, bot das Doppel-Gebäude ca. 900 Betten für die Urlauber oder Sportler.

Das Hotel „Panorama" in Oberhof

Nicht vergessen werden soll, dass auch das von Hermann Henselmann u. a. entworfene „Rennsteig-Hotel" in die monumentale Bildzeichenphase der DDR-Architektur fiel, das 1972/73 in der Stadt hochgezogen wurde in der Form eines Rennsteig-Wegsteins, ein sechzehngeschossiges monströses Hochhaus mit 440 Betten. Zusammen mit dem Emaille-Wandbild „Urlaub" des in der DDR verdienstvollsten (!) Kunst-am-Bau-Handwerkers Walter Womacka wurde das „Bildzeichen" einer sozialistischen Massentourismus-Zeit inzwischen abgerissen.

Hotel „Panorama", jetzt TREFF HOTEL Panorama • Dr.-Theodor-Neubauer-Straße 29 • 98559 Oberhof

Vermischte Bauten und Zeiten in Oberhof

Die explosionsartige Ausdehnung Oberhofs vom beschaulichen „Winterkurort" (1904) zum „sozialistischen Erholungs- und Wintersportzentrum" in den Jahren nach 1960, mit dem Bau von zehn großen und 16 weiteren Ferienheimen, hatte die Fünf-Jahr-Planer Ende der 1960er Jahre verwirrt: Es fehlte an Gastronomieplätzen für die neuen „Urlabermassen". Deshalb wurde am Ursprungsort, dem „Oberen Hof" (im 15. Jh. Rasthaus an der alten Passstraße von Ohrdruf nach Zella-Mehlis), ein ganzer Gaststätten*komplex* geplant und entworfen – für angegebene 1.073 Plätze. Das eigenwillige Ensemble wurde nach neueren Angaben 1967–1969 von Klaus Brandt und der Experimentierwerkstatt der Deutschen Bauakademie Berlin (unter Leitung von Hermann Henselmann) entworfen; bereits der Entwurf signalisierte die an Ort und Landschaft angepasste Lösungsidee der Zweckbauten. Im Plural kann deshalb gesprochen werden, weil sich unter dem geometrisch komplizierten Dach außer sieben „gebietstypischen" Gaststätten (und Bars) auch Appartements, Geschäfte und die Wartehalle eines Busbahnhofs befanden – eine originelle Gesamtanlage, die als Einzelgebäude nicht wahrgenommen werden kann. Der Grundriss besteht aus zwei ineinander geschobenen Dreiecken, die sich städtebaulich an die Crawinkeler Straße anschmiegen.

Der Architekturführer Suhl vermerkte noch 1989 nüchtern, dass der Komplex am „Platz des Friedens" 1972 von einem jugoslawischen Kollektiv errichtet wurde. Es gab also wieder „internationalistische Hilfe" für die Realisierung der Bauten, für die vor allem einheimische Oberflächenmaterialien (Porphyr, Holz, Schiefer) verwendet wurden. Die zu ahnenden internen Probleme (zwischen Entwurf 1966–1969 und Übergabe 1972) verhinderten nicht, dass ein außergewöhnliches Gebäude-Ensemble entstand, das künstlerisch-architektonische Plastik und örtliche Bautradition fantasievoll miteinander verband.

Nebenbei bemerkt: Gegenüber lag auch in „sozialistischer Zeit" noch eine Kuranlage, die 1937/38 von „nationalsozialistischen" Experten für Erholung angelegt worden war – mit Kurhaus, Wandelhalle und Konzertmuschel im terrassierten Park, vom Architekten Martin Schwarz auf einem Hektar Fläche angelegt. Zumindest bei der Höhe der Bauten haben sich die DDR-Planer diesem Vorläufer-Bau angepasst.

Gaststättenkomplex Oberer Hof, jetzt Kultur-, Event- und Shopping-Zentrum Oberer Hof • Crawinkeler Straße 1 • 59885 Oberhof • Tel.: 036842/53850 • www.obererhof.de • Mo.–So. 9–18 Uhr

Bauten für weite Sprünge und schnelle Fahrten

Nach ersten großen Erfolgen von DDR-Sportlern bei Olympischen Winterspielen und anderen bedeutenden Wettbewerben (vgl. dazu Helmut Recknagel) wurden sowohl im Erzgebirge als auch im Thüringer Wald verstärkt Trainings- und Wettkampfbauten errichtet. Erfolge auf Schanzen und Loipen als auch in den „Rinnen" der Rodler förderten seit Ende der fünfziger Jahre die nationale Identität als „DDR" und das internationale Renommee. Es war erstaunlich, wie viel Geld und welche Mittel vorhanden waren, wenn es um die „Stärkung der DDR" auf dem Welt-Parkett ging. So entwickelte sich z. B. ein für Sportbauten zuständiger Leipziger Betrieb rasant, wurde auf einigen Gebieten international führend, da seine wirtschaftlichen Leistungen staatlich subventioniert und abgesichert waren.

Im traditionellen Wintersportgebiet Brotterode, im Nordwesten des Thüringer Waldes gelegen, wurde 1968 eine vorhandene Anlage mit drei Schanzen nach Plänen des „VEB Sportbauten Leipzig" gründlich rekonstruiert zu einer modernen Stahlkonstruktion. Die Schanze „Am Inselsberg" imponiert dabei mit einer frei gespannten Anlaufbahn,

Die Sprungschanze am Inselsberg

die am höchsten Punkt von zwei filigranen Füßen gestützt wird. Ästhetisch abgestimmt mit dem überkragenden Startpunkt über der Doppelstütze wurde der Kampfrichterturm gleichzeitig in Stahlskelettbauweise (drei Geschosse, Fenster, Dachterrasse) errichtet. Beide Bauten bestechen durch das Bekenntnis zum technischen Material (an erster Stelle Stahl, aber auch Glas) und dem damit eindeutigen Kontrast zur umgebenden Natur (Wald und – manchmal – Schnee).

Skisprungschanze „Am Inselsberg" • Am Seimberg • 98596 Brotterode

Der erste Goldspringer für die DDR

Helmut Recknagel aus Steinbach-Hallenberg in Thüringen (*1937) entwickelte sich nach Harry Glaß (Bronzemedaille im Skisprung 1956) zum ersten großen Überflieger aus „East Germany" – denn bei internationalen Meisterschaften am Holmenkollen und erst recht bei der legendären „Vierschanzentournee" in Bayern/Österreich waren die DDR-Sportler noch gezwungen, die Ablehnung ihrer staatlichen Identität zu akzeptieren. Bei den Olympischen (Winter-)Spielen gab  es bis 1960 in Squaw Valley noch eine gesamtdeutsche Mannschaft; die Athleten aus den Thüringer Bergen legten ihre Medaillen aus Gold, Silber und Bronze noch auf das zerrissene Tischtuch auf dem gesamtdeutschen Gabentisch. Die Probleme der DDR-Sportler lagen in den 1950er Jahren also im innen- bzw. aus Sicht der SED-Funktionäre im außenpolitischen Bereich.

Nach der Schul- und Lehrausbildung arbeitete Reck-

Helmut Recknagel

nagel 1955–1960 als Messtechniker; sein Karriereschub zum zweifellos besten Springer der Welt dauerte von 1955 bis 1964, lief also zum Teil parallel ab. Das bedeutete, dass der junge Thüringer anfangs noch arbeitete, neben dem Training. Später bezeichnete man Ost-Sportler süffisant als „Staats-Amateure", bis sie in den 1960er Jahren eindeutig zu staatlichen Profis mutierten, prinzipiell, mit wenigen Ausnahmen. Helmut Recknagel gewann mit seinem perfekten Stil (damals noch mit geschlossenen Skiern und nach vorn gestreckten Armen) alles, was es in seiner Sportart zu gewinnen gab: Am Holmenkollen, die Vierschanzentournee, die Weltmeisterschaft und auch die Riesensätze bei der Skiflugwoche entschied er mehrmals für sich. Er wurde zum Helden der ersten Fernsehübertragungen aus aller Welt, der den Thüringern Stolz in die heimischen Stuben brachte. – Nüchtern vermerkt Recknagels Lebenslauf gegen Ende seiner sportlichen Karriere: SED, Studium an der DHfK (1961–1963), bis 1970 Studium der Veterinärmedizin an der HU in Berlin, noch später dann Hygienetierarzt und Fachtierarzt (1973–1990), Prom. zum Dr. med. vet. an der HU Berlin (1974); daneben war Recknagel 1970 bis 1990 Mitglied des NOK der DDR. Er lebte die exemplarische Biographie eines frühen Leistungssportlers in der DDR, vielleicht auch für die DDR, wie es die Erfolgsmeldungen über Medaillengewinner üblicherweise verkündeten.

Schlittenfahren für den Sieg des Sozialismus

Seit den 1970er Jahren galten drei Goldmedaillen für die DDR als „obligatorisch": in drei Disziplinen der olympischen Sportart Rodeln, die zu „Rennschlittensport" aufgewertet wurde. Im Einer und Doppel der Herren und im Einer der Damen waren die Medaillen für die DDR-Sportler quasi abonniert, was zweifellos auch einen geographischen Hintergrund hatte. Nirgendwo waren die geographischen Bedingungen so günstig wie in den Thüringer Bergen – teilweise ziemlich steil, aber nicht zu gefährlich. Für alpine Disziplinen wie Slalom oder Abfahrt waren die Hügel nur wenig geeignet und schon gar nicht erschlossen. Im Rodeln wurde die DDR-Equipe aber Spitze – das befeuerte die Investitionen der Sportfunktionäre. 1971 wurde bei Oberhof eine perfekte Kunsteisrodelbahn hoch- und runtergezogen, nach einem Entwurf von Wolfgang Möbius, in der Konstruktion von Udo Gurgel. Das Team machte mit den in der DDR gesammelten Erfahrungen weltweit berufliche Karriere beim Bau von Bahnen – sie wurden ein DDR-„Exportschlager".

Vorausschauend auf künftige Entwicklungen in beiden Sportarten statteten die Erbauer die Anlage mit vier Startgebäuden und 24 Stahlbetonsegmenten auf Pendelstützen für insgesamt 7.000 m² unterkühlte Fläche aus. Über einen Höhenunterschied von 96 m ringelten sich 14 Kurven über max. 1.033 m Wettkampflänge ins Tal; zugucken und jubeln konnten ca. 10.000 Zuschauer. Das war moderner Publikums-Sport in den sechziger bis achtziger Jahren.

Rennrodelbahn Oberhof • Lage: an der Landesstraße 128 von 98559 Oberhof nach 98587 Steinbach-Hallenberg

Das weibliche Geschlecht fährt gut mit dem Sport

Neben den besten Voraussetzungen in der Infrastruktur brachte auch die gezielte Förderung von Mädchen und Frauen einen Innovationsschub für die sportlichen Erfolge der angestrebten „Nation DDR", die ohne Zweifel ein neues Frauenbild beinhaltete. Seit den sechziger Jahren gab es für talentierte Mädchen die Möglichkeit, als professionelle Sportlerinnen Karriere zu machen und Vorteile („Privilegien") zu genießen, die in einem abgeschotteten Land wie dem SED-Staat besonders in den fast ungebremsten Reisen ins westliche Ausland bestanden, Dienstreisen in aller Herren Länder, in denen der jeweilige Sport getrieben wurde oder, noch besser, zu den Festen der Jugend mit dem Titel „Olympische Spiele". Die Einschränkung „fast ungebremst"

Margit Schumann

bedeutete, dass die Betreffenden zumindest offen verbal nichts gegen diktatorische Zustände in der Heimat verlauten ließen. Zumeist bedeutete das Dasein eines DDR-Sportlers aber, der Politik der DDR zuzustimmen, oft auch in die „führende Partei" einzutreten. Die Zustimmung fiel umso leichter, da viele Leistungssportler gar nicht anders zum „Profi" gemacht werden konnten, als dass sie offen als Mitglieder bzw. Angestellte der verschiedenen „Verteidigungskräfte", also polizeilicher oder militärischer Einheiten, geführt wurden. Dieses Privileg betraf auch oft Frauen, so dass sie im DDR-Leben durchaus höhere Dienstgrade trugen (Ähnlichkeiten mit der deutschen Gegenwart sind nicht zufällig). Alles in allem kann auch für Thüringen 1949–1990 konstatiert werden, dass der Frauenanteil an den leistungssportlichen Erfolgen sehr hoch war, zumal im Rennschlittensport und in der Leichtathletik.

Margit Schumann kann als Musterbeispiel für eine erfolgreiche Thüringerin in den „Rinnen" der nördlichen Halbkugel gelten: 1952 in Waltershausen (Kreis Gotha) geboren, raste sie schon als Kind die Hänge runter, bei der SG GutsMuths Schnepfenthal; als Jugendliche dann ab 1968 beim Armeesportklub Vorwärts Oberhof. Nach den planmäßigen Junioren-Erfolgen rodelte sie 1972 aufs Treppchen als Olympia-Dritte; nach EM und WM schließlich 1976 auf den Gipfel als Olympiasiegerin.

Auch bei Schumann vermerkt die Vita nüchtern: ab 1971 Angehörige der NVA, zuletzt Major. Wie bei den Männern, begleitete der übliche Bildungsweg auch die Frauen ins Leben: 1972 Abitur an der KJS, 1982 Abschluss eines Studiums an der DHfK Leipzig als Sportlehrerin. Berufliche Folge dieser Erfolgskarriere im DDR-Sport war: Nach Beendigung der leistungssportlichen Laufbahn wurde sie 1980 Rennschlitten-Trainerin in Oberhof.

Es geht aufwärts:
Thüringer Bezirke nach 1968

Gerade im Tourismus und im Sport zeigten sich Ende der sechziger Jahre Fortschritte auf vielen Gebieten, die den Konsum und die Freizeit betrafen – Ergebnis des sog. „Neuen Ökonomischen Systems" einerseits, andererseits auch der allgemeinen Modernisierung der Gesellschaften in der 1. und 2. Welt (West und Ost) nach Krieg und Nachkrieg. Auch den „neuen Menschen" des realen Sozialismus musste nach Feierabend und am Wochenende etwas geboten werden, damit sie sich nicht allzu oft an dem Glimmer aus dem Westfernsehen und den von Omas und Opas mit ins Land gebrachten bunten Illustrierten orientierten.

In der sozialistischen Musterstadt Suhl wurden 1969 auf der „Str. der DSF" (die Verwendung von derartigen Kürzeln kündigte bereits ideologische Entfremdung und Verfall an) baulich reizvolle Ausstellungshallen errichtet (2007 abgebrannt). Mit der Konstruktion von Gerhard Schulz und unter Beteiligung von Siegfried Speer und Oskar Büttner entstanden vier versetzt angeordnete Hallen von je 18 m × 24 m Grundfläche, die einen Komplex von ca. 1.800 m² Gesamtfläche ergaben.

Aber auch auf die eigene Vergangenheit besann man sich in Suhl permanent: So wurde das altehrwürdige „Malzhaus" 1967–1971 sorgsam restauriert und als Museum für Feuerwaffen eingerichtet. Der höheren, „himmlischen" Bildung und Unterhaltung diente die 1967–1969 errichtete „Volkssternwarte" auf dem Hoheloh. Sie umfasste sowohl ein Planetarium (60 Pl.) als auch einen kleinen Hörsaal (56 Pl.), war gleichzeitig Sternwarte und Ausstellungsraum. Das bescheidene, moderne Bauwerk präsentierte sich als monolithischer

Flachbau mit zwei Kuppeln in Zeiss-Typen-Ausführung. Als Kunst am Bau firmierte neben den schon erwähnten Büsten von Erich Wurzer das Gemälde „Griff nach den Sternen" von Hans Hattop (1980).

Schul- und Volkssternwarte Suhl • Am Hoheloh 1 • 98527 Suhl • Tel.: 03681/723556 • www.suhler-sternfreunde.de

Ferienheime in neuen Größenordnungen: Finsterbergen, Fischbach und Friedrichroda

Als Farbe der Fassaden des FDGB-Ferienheims „Wilhelm Pieck" in Finsterbergen gibt der Architekturführer des Bezirkes Erfurt „grau" an, für die zwei versetzt angeordneten vier- und sechsgeschossigen Bettenhäuser. Vor dem „Finsteren Berg" in der Thüringer Wald-Landschaft südlich von Gotha wirkt aber selbst der Betonkoloss eher hell und freundlich, von Weitem zumindest. Von 1972 bis 1975 wurde die Bettenburg nach Entwurf des Kollektivs Walter Schmidt hochgezogen; unter die dominanten Appartementhäuser schoben die Bauleute einen ein- und zweigeschossigen Versorgungstrakt mit Mehrzwecksaal (300 Plätze), Gaststätten, Kegelbahn und Sauna. Das Ferienhotel (denn letztlich hatte der Bau *Hotel*charakter) war für 600 Gäste geplant: ein kleines Dorf für Erholungssuchende. Die landschaftliche Einordnung im DDR-Architekturführer lautete: „Beherrschende Lage über dem Ort" – ein Zeichen aus kantigem Beton, das von der Fürsorge der Partei für ihre Werktätigen kündete durch den Hinweis auf den ersten Präsidenten der DDR Wilhelm Pieck. Hatte „die Partei" dies nötig, Mitte der siebziger Jahre, nach dem Machtwechsel von Ulbricht zu Honecker? Hätten die Urlauber sich nicht auch heimisch gefühlt, wenn das große Haus am Wald ganz einfach „Ferienheim Finsterbergen" geheißen hätte?

Ehem. FDGB-Ferienheim „Wilhelm Pieck", jetzt „Tannhäuser Hotel Rennsteigblick" • Kurhausstraße 12 • 99894 Friedrichroda-Finsterbergen

Blick auf das ehemalige FDGB-Ferienheim „August Bebel" in Friedrichroda, 2010

Nur wenige Kilometer Richtung Nordwesten durfte der Architekt Gerhard Oschmann zeigen, dass man in den siebziger
Jahren auch in einer traditionelleren und dennoch modernen
Weise entwerfen konnte – und dass man kein ideologisches
Etikett ankleben musste. Das Gemeindezentrum wurde einfach als das bezeichnet, was es werden sollte und nach Fertigstellung auch war: als „Thüringenbaude". Für eine „Baude"
war die aus städtebaulicher Sicht als „Mehrzweckgebäude"
charakterisierte Stahlskelettkonstruktion allerdings ziemlich groß; dafür konnte sie für die Gemeinde Fischbach mehrere Nutzungsvorstellungen bedienen. Das von Oschmann
individuell gestaltete zweigeschossige Gebäude bot Platz für
ein Einkaufszentrum, ein Restaurant, einen Saal und außerdem eine Bar und Vereinsräume. Dass die für den einsetzenden Urlauber-Boom wichtige „Thüringenbaude" ein außergewöhnliches Projekt war, konnte man auch damals schon ab-
lesen an der Verwendung moderner und teurer Materialien
sowie an den durchgehenden Fluchtbalkonen (Laubengän-
ge). Das überkragende flache Satteldach verweist mehr auf
Alpen-Architektur denn auf einheimische Bauten. Hier war
fraglos besondere Förderung durch einflussreiche Funktionäre für die Einrichtung eines ungewöhnlichen Mehrzweck-

gebäudes notwendig und auch realisiert worden, um für die kulturell expandierende Fremdenverkehrsentwicklung gastronomisches „Weltniveau" zu bieten – nicht zuletzt wegen der Freilichtbühne, dem nahen Inselsberg und vielleicht auch wegen der nahen Autobahn A 4 Hermsdorfer Kreuz – Kirchheimer Dreieck, die ausländische und westdeutsche Devisenbringer in die Gegend locken konnte.

Ehem. Thüringenbaude Fischbach • jetzt Ortsteil von Waltershausen • 99880 Waltershausen

Den Gipfelpunkt sozialistischer Urlaubsarchitektur in Thüringen entwarf wiederum Walter Schmidt (s. Finsterbergen) im Kollektiv mit Jürgen Gerboth und Renate Sander. Errichtet wurde die gigantische Anlage 1975–1980 auf dem Reinhardsberg rund 20 Höhenmeter über dem traditionellen Urlaubsort Friedrichroda, dessen der Landschaft angemessene Wohn- und Hotelbauten nun wie eine Spielzeuglandschaft wirkten. Der Architekt beschrieb diesen Fakt mit den Worten: „Die topographische Situation erhebt den Bau zur Dominante des gesamten Erholungszentrums Friedrichroda." Begründet wurde die Wahl der Ansiedlung z. B. damit, die vorliegende Geländebewegung auf die Baukörper zu übertragen: Die Baumassen wurden eins zu eins zur Bergkuppe hin gestaffelt. Außerdem ergab sich ein neuer Engpass durch den begrenzten Standort für die Funktionsbereiche. Mit dem „August-Bebel"-Heim (immerhin ein alter SPD-Vordenker) erreichte die thüringische realsozialistische Ferienwelt 1980 ihren Gipfel: in vier Trakten wurden Appartements mit sage und schreibe 1.400 Betten gestapelt – ein mittelgroßes Dorf mit sehr hoher Fluktuation. Aus dem Café im 12. Obergeschoss konnte man einen weiten Blick werfen Richtung Norden (über die Autobahn hinweg bis nach Gotha) und Richtung Osten (bei guter Sicht bis nach Arnstadt). Vom nahen, altehrwürdigen Urlaubsort Friedrichroda schien man aber nun weit weg, fast über den Wolken ...

Ehem. FDGB-Erholungsheim „August Bebel", jetzt Berghotel Friedrichroda • Bergstraße 1 • 99894 Friedrichroda

Karrieren sozialistischer „Diplomaten im Trainingsanzug" aus Thüringen

In diesem Buch können nur einige Spitzen der „Spitzensportler" (so wurden „Top-Athleten" in der DDR genannt) aufgeführt werden: Allein aus den drei Thüringer Bezirken stammten in der Zeit von 1960 bis 1990 insgesamt 15 Olympiasiegerinnen und 38 Goldmedaillengewinner. Da man aus Kostengründen nahezu ausschließlich Sportarten förderte, in denen Einzelaktive antraten (eine Ausnahme bildete u. a. Fußball), „verriet" die DDR als Land der Kollektive auf diesem Gebiet seine eigene Kollektiv-Ideologie. Thüringen glänzte mit Weltspitzenleistungen in den heimischen Wintersportarten mit z. T. jahrzehntealter Tradition (Rodeln, Skilaufen), in der Leichtathletik und im Radsport. Wesentlich am sozialistischen Sportsystem waren die gezielte Talentsuche, ihre Förderung besonders in Kinder- und Jugendsportschulen (KJS) sowie die ausgefeilte „sportmedizinische Betreuung". Interessant an den Erziehungsprozessen ist im Nachhinein, dass sich trotz des kollektiven Lebens- und Erziehungsmodells in internen Konkurrenzsituationen starke individuelle Charaktere ausprägten, die zu eigenwilligen Biographien führten. Hier werden nur einige wenige „Stars" der 1970er und 1980er Jahre vorgestellt, die wirklich aus Thüringer Orten stammten und in einheimischen Vereinen bzw. Sportklubs zu Leistungssportlern reiften. Ein Großteil von ihnen begann seine Karriere in einer der großen Kinder- und Jugendsportschulen, die

Marlies Göhr

nicht zuletzt nach dem Muster sowjetischer Erfahrungen (seit den 1930er Jahren) auch in Thüringen eingerichtet wurden – z. B. in Erfurt, Jena, Oberhof und Zella-Mehlis. Seit den 1960er Jahren geschah das im direkten Zusammenspiel mit den räumlich nahen Sportklubs.

Neben den großen KJS gab es noch Sportschulen in Verbindung mit EOS, Einrichtungen, die auf regionaler Tradition beruhten. Z. B. wurde in der kleinen Industrie- und Kurstadt Bad Blankenburg (ca. 10.000 Einw.) ein bereits 1948–1952 eingerichteter Sportstättenkomplex 1975 erheblich erweitert und rekonstruiert. Nach Entwürfen von Manfred Kohl und Hans-Ludolf Parisius entstanden ein fünfgeschossiges Internat und eine Schwimmhalle als Neubauten. Aus den 1970er und 1980er Jahren werden noch heute besonders Leichtathlet(inn)en in den Annalen des Ortes glorifiziert, die für den nahen SC Motor Jena und die DDR-Nationalmannschaft auf Edelmetalljagd bei internationalen Meisterschaften gingen: zum Beispiel Marlies Göhr.

Die für zehn Jahre „schnellste Frau der Welt" stammte aus Gera in Ostthüringen (*1958) – sie blieb diesem Landstrich auch ein Leben lang treu. Sie wuchs im Örtchen Triptis auf und besuchte seit 1971 die KJS Bad Blankenburg; dort legte sie auch das Abitur ab. Von 1970 bis 1989 war Marlies Göhr aktive Leichtathletin beim SC Motor Jena im Sprint. Die gekürzte Erfolgsbilanz beeindruckt: 1975/76 lief sie fünfmal Junioren-Europarekord; bei ihren drei Teilnahmen an Olympischen Spielen errang sie 1976 Gold mit der 4x100 m-Staffel, Silber über 100 m sowie drei Siege beim Weltcup. Zwischen 1976 und 1985 lief die Ausnahme-Athletin 14 Mal Weltrekord, u. a. am 1.7.1977 „als erste Frau der Welt" über die 100 m unter elf Sekunden (10,88 Sek.).

Auf Betonpfählen gegründet wurde am Ostufer der Saale der Gebäudekomplex der neuen Kinder- und Jugendsportschule Jenas – eine Investition, die sich lohnte. Mit der Universität, an der Sport obligatorisch, vor allem freudig gefördert wurde, hatte die strenge Ausbildung der künftigen DDR-, Europa- und Weltmeister einen fördernden und fordernden Partner, neben den jeweiligen Verbänden. Mädchen und

Jungen nicht nur aus den Thüringer Bezirken, sondern aus der gesamten DDR trafen sich in der Jenaer Talentschmiede, trainierten bei den besten Übungsleitern ihrer jeweiligen Sportart und deren Disziplinen. Der Staat, in Gestalt der Sportverbände und der FDJ, unterstützte die Medaillenhoffnungen mit allen Mitteln – auch aus einheimischen pharmazeutischen VEB; an erster Stelle aber standen die Gebäude, die Einrichtungen und technischen Grundbedingungen. In Jena wurde ohnehin viel gebaut von 1960 bis zur Mitte der 1980er Jahre, da fielen schon einige Fertigteile und deren Varianten ab. Die Mitglieder des Entwurfskollektivs lieferten architektonische und bauliche Ideen für eine Oberschule, die Sporthalle mit 2.700 m^2 Trainingsfläche und ein fünfgeschossiges Internat. Unmittelbar in der Nähe befand sich das Ernst-Abbe-Sportfeld, in dem regelmäßig Leichtathletikveranstaltungen stattfanden.

Ehem. Kinder- und Jugendsportschule (KJS), jetzt Sportgymnasium Jena • Wöllnitzer Straße 40 • 07749 Jena

Petra Felke wurde 1959 in Saalfeld geboren, versuchte sich sportlich zuerst beim mehr turnerischen Rhönradfahren. Nach dem Wechsel zur Leichtathletik entschied sie sich für Speerwurf als Spezialdisziplin. Nach dem üblichen Anfangserfolg als „Spartakiade"-Siegerin wurde sie 1977 zur KJS in Jena und zum dortigen SC Motor delegiert – quasi als Schülerin der bereits zweifachen Olympiasiegerin Ruth Fuchs (1972 in München, 1976 in Montreal). Sie trat dann auch sehr erfolgreich die Nachfolge ihres Vorbilds an, wurde mehrfache DDR-Meisterin, 1986 Vize-EM und 1987 Vize-WM und schließlich „beerbte" sie Ruth Fuchs 1988 auf dem höchsten Treppchen bei den nächsten Olympischen Sommerspielen, an denen DDR-Sportler teilnehmen durften: 1988 in Seoul. Denn so ganz frei von politischen Zwängen war das Dasein der Gladiatoren nicht – die Partei und der Geld gebende Staat redeten mit, wenn es um die Einsatzorte ihrer Stadion-Helden ging. Da verwundert es auch nicht, dass ein großer Teil der Athleten Mitglied in der führenden Partei waren und sich auch dazu bekannten: Petra Felke

Petra Felke

ebenso wie Ruth Fuchs, die noch heute aktiv Politik für die „Linke" betreibt.

Im Guiness-Buch seriöser sportlicher Rekorde wurde unter Petra Felke allerdings ein Eintrag verzeichnet, den ihr weder ihre Lehrerin Fuchs noch ihre heutigen Nachfolgerinnen mit dem Speer nehmen können: Am 9.9.1988 setzte sie sich (in Potsdam) ihr eigenes Denkmal, als sie den Speer genau 80,00 m weit warf. Damit erreichte sie einen „Rekord für die Ewigkeit", denn diese Weite wurde bis zur Einführung eines neuen Speers im Jahr 1999 von keiner anderen Frau der Welt übertroffen.

Ruth Fuchs und Petra Felke warfen ihre Speere trainingsweise im Ernst-Abbe-Sportfeld Jena, so wie die Olympiasiegerin Renate Stecher (1972 in München) dort ihre Trainingsläufe auf der Aschenbahn absolvierte und Wolfgang Nordwig seinen Rekord im Stabhochsprung auf die zur Goldmedaille (ebenfalls in München 1972) nötige Höhe steigerte: Die thüringische Stadt stand in den siebziger Jahren im Blickpunkt der Leichtathletik-Sportwelt. Gut war auch, dass niemand auf die Idee kam, das Stadion (zusammen mit weiteren Fußball-, Faustball- und Hockeyplätzen sowie einer Wurfanlage) direkt an der Saale nach einem der wenig beliebten Staatsfunktionäre zu benennen – das hätte dem internationalen Renommee vermutlich nicht gedient: das „Sportfeld" wurde 1939, also während der Nazizeit, nach dem Physiker und Sozialreformer benannt, der Jena im 19. Jahrhundert entscheidend geprägt hatte.

Selbstverständlich musste das Stadion während der hochfliegenden Sportereignisse in der DDR-Zeit modernisiert werden, musste man sich der technischen Entwicklung in der Welt anpassen und investieren. Sichtbarster Ausdruck dafür war die 1974 erbaute (und 1995 generalüberholte) Flutlichtanlage mit vier Stahlhohlmasten, im Volksmund als „Giraffen" bezeichnet. (Leider mussten die Masten wegen Baufälligkeit nach dem Hochwasser im Juli 2013 demontiert werden.) Für eine andere Neuerung hin zum „Weltniveau" spielte die Stadt der Hochtechnologie wieder eine Pionier-Rolle: Die 1978 installierte Anzeigetafel war die erste elektronische Anzeigetafel auf dem Gebiet der DDR. Mit seiner Zuschauerkapazität von über 15.000 Plätzen gehörte das Stadion eher zu den mittleren Anlagen. Dass man auf einem gepflegten Naturrasen Sport treiben konnte, verstand sich in der Saaleaue von selbst.

Neben jahrzehntelang an der Weltspitze laufenden, springenden und werfenden Leichtathleten vom SC Motor Jena stießen auch Fußballer an die nationale (DDR-)Spitze und machten auf europäischem Rasen von sich reden. Zuerst als SC Motor, nach einem Beschluss von DTSB und DFV im Dezember 1965 zur Gründung von „Fußballklubs" unter dem Namen „FC Carl Zeiss Jena" entwickelte sich die Jenaer Mannschaft neben den Mannschaften aus Berlin und Dresden zur dritten Kraft im DDR-Fußball. Den entscheidenden Anteil daran hatte Trainer Georg Buschner, der eine homogene Mannschaft formte, in der sich auch Individualisten wie die Nationalspieler Peter und Roland Ducke einbrachten und zu Stars entwickelten. In ihrem Stadion unter den Kernbergen begründeten sie die Erfolge des FC Carl Zeiss mit mehreren Meistertiteln (1963, 1968 und 1970) und dem Pokalsieg 1960. Auch bei der Teilnahme an europäischen Wettkämpfen unter dem Trainer Hans Meyer (seit 1971) machte das spielstarke Team aus Jena mehrfach von sich reden: größter Erfolg war das Erreichen des Finales im Europapokal der Pokalsieger 1981, das aber gegen die „sowjetischen Freunde" von Dynamo Tibilissi verlorenging.

Fast in Vergessenheit geraten ist heute die Goldmedaille der DDR-Fußballauswahl bei den Sommerspielen in Montreal 1976. Durch einen „guten Jahrgang" von sehr talentierten Spielern schafften es auch drei Spieler aus Jena auf das

Treppchen, das olympisches Gold bedeutete: Hans-Ulrich Grapenthin, Lothar Kurbjuweit und Konrad Weise.

Ernst-Abbe-Sportfeld Jena • Oberaue 3 • 07745 Jena

Schon nach den großen Erfolgen der ostdeutschen Skispringer in den fünfziger Jahren rangen sich die Sportfunktionäre durch, 1960–64 im altehrwürdigen Oberhof eine neue, moderne Schanze zu bauen. Mit dem Ausbau des Ortes zum „Internationalen Wintersport- und Erholungszentrum" in den siebziger Jahren wurde die Kapazität verfügbarer Sprungschanzen 1982–84 noch einmal erweitert. Nach Entwurf von Dieter Schmidt errichtete man eine 70-m-Schanze mit einem Anlaufturm aus Stahl; dazu entstand ein Kampfrichterturm aus Gleitschalung. Zusammen mit der 90-m-Schanze (Spannbetonturm mit 111 m Anlauflänge, Höhendifferenz vom Turm zur Talsohle 142 m) firmiert die Tandemsprunganlage als „Schanze am Rennsteig" und wurde vom internationalen Verband (FIS) als Austragungsstätte von Wettkämpfen zugelassen.

Schanze am Rennsteig • Kanzlersgrund an der Landesstraße 1128 von 98559 Oberhof nach 98587 Steinbach-Hallenberg

Der 1951 im thüringischen Brotterode geborene Hans-Georg Aschenbach ist ein beredtes Beispiel dafür, dass sich Menschen mit den Fortschritten im modernen Alltag auch selbst entwickeln. Die Schanzen wurden größer und perfekter, das Material ausgefuchster und, was wir erst jetzt genauer wissen, die körperlichen Anstrengungen mit fragwürdigen Segnungen der pharmazeutischen Forschung reguliert. Aschenbach kann als Exempel dafür gelten, dass die Zeit der naiven Helden des DDR-Sports vorbei war. Nun wurde alles genauer berechnet: Die Arme wurden angelegt im Flug, und auch in der DDR-Gesellschaft verhielt man sich windschlüpfrig. Im Laufe der 1960er Jahre war das Bett für sportliche Überflieger gemacht, und das Beet zum Anbau des „Triumph-Gemüses" aus klimpernden Orden und Privilegien war üppig bestellt von Partei- und Sportfunktionären. Sportler, die sich auf diese Förderung und Bevorteilung ein-

Die Schanzenanlage im Kanzlersgrund

ließen, lebten ein anstrengendes, aber sehr gutes Leben in und besonders auch außerhalb der DDR – das war ihr Hauptprivileg.

Der ehrgeizige und gut aussehende (wichtig besonders für seine weiblichen Fans!) Hans-Georg Aschenbach absolvierte eine Musterkarriere: Er besuchte die KJS in Oberhof und legte das Abitur ab. Für sein intellektuelles Talent, das er dort offenbar entwickeln konnte, spricht auch seine Fähigkeit zur kritischen Reflektion, das sich u. a. durch die 2012 veröffentlichte Autobiographie ausdrückt. 1969 trat er der SED bei und in die NVA ein; damit rahmte er seine sportliche Existenz als Spezialspringer beim ASK Vorwärts Oberhof. In den folgenden Jahren stapelten sich seine Erfolge, die zu wichtigen Triumphen auf den Sprungschanzen der Welt führten – u. a. zum Skiflugweltmeister 1970 und 1973; er wurde zweifacher Weltmeister 1974; er krönte seine Laufbahn als Olympiasieger 1976. Fast obligatorisch wurde er 1974 zum Sportler des Jahres in der DDR gewählt. Seine Zukunft nach der Sportkarriere bereitete Aschenbach sorgfältig vor: 1970 bis 1978 studierte er an der DHfK Leipzig und schloss mit dem Diplom als Sportlehrer ab. Dann setzte er einen beruflichen Karrieresprung drauf, der ihn deutlich nicht nur in Systemnähe, sondern in die Mitte des Partei- und Staatssystems führte: 1978 bis 1982 studierte er Militärmedizin an der Ernst-Moritz-Arndt-Universität in Greifswald, absolvierte 1982 bis 1985 eine Facharztausbildung und wurde 1985 promoviert. Als Sportarzt ging er zurück zu seinem Klub nach Oberhof, ausgestattet mit einem hohen militärischen Rang: Oberstleutnant. Dass Hans-Georg Aschenbach als intimer Kenner der Sportstrukturen des SED-Staats sich 1988 zur Flucht in den deutschen Westen entschloss, polarisierte auf beiden Seiten der Grenze und warf ein grelles Licht auf die zerrissene Sportwelt. Nach eigener Auskunft trug er damit seine eigene Zerrissenheit nach außen.

Eine ähnliche Laufbahn, auch im konkreten Sinne, schlug der 1958 in (Brotterode-)Trusetal geborene Frank Ullrich ein; dennoch unterschieden sich seine Schritte in der Loipe und am Schießstand von den großen Sprüngen Aschenbachs. Der Biathlonsportler ging quasi eine Olympia-Generation später alle für DDR-Sportler typischen Wege, eben nur um vier Jahre zeitversetzt. Von seiner Heimatgemeinde Trusetal (die ihn 2008 zum Ehrenbürger ernannte) bis ins Trainingszentrum Oberhof hatte er es nicht weit. Er besuchte von 1964 bis 1977 die KJS und legte 1977 dort das Abitur ab. Bereits 1967 nahm er an Kindermeisterschaften teil, wurde 1972 Sieger der „Spartakiade". Im Jahre 1975 wurde

Frank Ullrich

er Juniorenweltmeister in der Staffel. Fast nahtlos gewann Frank Ullrich bei den Olympischen Winterspielen in Innsbruck 1976 mit der 4 × 7,5-km-Staffel Bronze. 1978 und 1979 wurde er Weltmeister über die 10 km Distanz. Schließlich errang er bei den Olympischen Winterspielen 1980 in Lake Placid (USA) über die 20 km Silber und die Goldmedaille im Biathlon Einzel über

10 km – sportlich hatte er also alles Mögliche erreicht. Bei den staatlichen Auszeichnungen reichte es „nur" zum VVO in Silber; dagegen wog für ihn persönlich die Ehre, bei der Eröffnungsfeier der Winterspiele in Sarajevo 1984 als Fahnenträger der DDR-Athleten ausgesucht worden zu sein, schwerer. Dass es mit Karrieren nicht nur aufwärts gehen kann, sondern dass man auch irgendwann am Ende anlangt, dafür spricht die Tatsache, dass Ullrich in Sarajevo keine Medaille erringen konnte. Aber auch er hatte seine berufliche Laufbahn vorbereitet: Von 1978 bis 1988 studierte er an der DHfK und wurde Trainer der DDR-Nationalmannschaft; seit 1998 auch der BRD-deutschen Biathlonriege. Dass auch er in seiner Sportler-Rolle Angehöriger der NVA war, bis zum Dienstgrad Major, gehörte zum Leistungssport-Theater im Arbeiter-und-Bauern-Staat dazu.

Zur Generation Ullrichs gehörte der rustikale Athlet Wolfgang Hoppe aus Apolda (* 1957), dessen Leben sich nicht auf einer Einbahnstraße entwickelte, auch wenn seine Laufbahn über die NVA und den ASK Vorwärts Oberhof zu Olympiasiegen 1984 im Zweier- und Viererbob führte. Schon vor dieser international beachtlichen Karriere suchte Hoppe nach zwei anderen Seiten sportliche Betätigung und Erfüllung: Zuerst als Fußballer bei der TSG Apolda; 1967–1977 als Leichtathlet beim SC Turbine Erfurt. Dass Hoppe vom Zehnkämpfer in Erfurt zum Anschieber bei den Bobleuten wechselte, unterstreicht aber zielführende Einsatzbereitschaft. Im neuen Metier wurde er einer der erfolgreichsten Bobfahrer aller Zeiten: er errang zwei Goldmedaillen, drei Silber- und eine Bronzemedaille bei Olympia, WM-Titel im Vierer 1984 und 1990 sowie im Zweier 1985 und 1986 und, und, und ... von nationalen Titeln gar nicht zu schreiben.

Wolfgang Hoppe

Wolfgang Hoppe war gerade auf dem Höhepunkt seiner Laufbahn angelangt, als der Zusammenbruch des Staates und der Gesellschaft, die seine Spitzenleistungen gefördert hatten, sein Leben mit einem Biographie-Bruch bedrohte. So geriet er nach 1990 (1989 war er noch Weltmeister im Zweierbob geworden) auf eigenwillige Weise ins Schlingern: Bei der Eröffnungsfeier der Olympischen Winterspiele 1992 in Albertville noch zum „Fahnenträger" des ersten gesamtdeutschen Olympiateams nach der Wiedervereinigung gewählt, wurde er ein Jahr später aus der Sportfördergruppe der Bundeswehr entlassen, weil er Kontakte zum MfS verschwiegen hatte. Nachdem er 1998 seine sportliche Laufbahn beendet hatte, stieg er als Bundestrainer in einer neuen Rolle wieder in den weltweiten Bob-Zirkus ein.

Auch das etwas abseits von den Leistungszentren in Ostthüringen liegende Gera blickt auf jahrzehntelange Traditionen besonders im Arbeitersport zurück. Der Leistungssportbeschluss des DTSB von 1969 hängte den Ort aber von den bedeutenden Entwicklungsbahnen ab: es blieben im Großen und Ganzen nur Boxen und Radsport; die Talente in anderen Sportarten wanderten nach Jena und Erfurt und in die weitere Republik ab. Dennoch wurden Sportstätten ausgebaut,

Radrennbahn Gera

auch für den Massen- und Breitensport. Neben dem „Stadion der Freundschaft" für Fußball und Leichtathletikveranstaltungen werkelte die Stadt kontinuierlich an der Stelle einer nach 1945 errichteten, provisorischen Asche-Rennbahn weiter. Unter dem sportmartialischen Namen „Hermann-Liebs-Kampfbahn" entstand eine Radrennbahn mit 250 m Betonpiste (1956), die durch die Rekonstruktionen nach Entwurf von Hans-Dieter Sachse 1964/65 und noch einmal 1978/79 schließlich 5.000 Zuschauern auf Hangtraversen Platz bot.

Radrennbahn Gera • Haeckelstraße 39 • 07548 Gera

Einer von denen, die ihrer Heimatstadt bis zu ihrem Karriereende die Treue hielten, war der 1960 in Gera-Thieschitz geborene Olaf Ludwig. Er gehörte zu der Generation, die ihre Ausbildung zum Spitzenathleten in der DDR genossen hatten, die Früchte ihrer Lehre aber auf dem Weltmarkt ernten mussten – eine für manchen Staatsamateur zu schwere Lebensaufgabe. Bei Olaf Ludwig kann man konstatieren, dass er sich sowohl als Fahrer als auch als Teammanager und Sportunternehmer mehrere Jahre halten bzw. durchsetzen konnte – immer mit Dopingvorwürfen im Rucksack, was den Job nicht leichter machte.

Olaf Ludwig schien der geborene Sportler, so reflektiert er das auch in seinen Erinnerungen. In Gera aufgewachsen, wurde ihm die durchrasende Jagd der „Internationalen Fahrt für den Frieden" 1972 zum Schlüsselerlebnis. Er meldete sich bei der SG Dynamo Gera Sektion Radsport an, wechselte 1974 zur SG Wismut in seiner Heimatstadt – und blieb dort, ging nicht in einen der bessergestellten Sport-

Olaf Ludwig (links im Bild)

klubs. Die 1980er Jahre wurden dann zu Ludwigs großer Zeit als Radsportler, in denen er alles abräumte, was zu kriegen war: zwei Gesamtsiege bei der „Friedensfahrt" in den Jahren 1982 und 1986 sowie der Olympiasieg im Einzelrennen bei den Sommerspielen 1988 in Seoul. Die Anerkennung und die Ehrungen in seinem „sozialistischen Vaterland" waren für den bodenständigen Typen selbstverständlich: 1988 nahm er den Vaterländischen Verdienstorden aus den Händen des Staatsratsvorsitzenden Erich Honecker stolz entgegen. Auch zum Sportler des Jahres der DDR wurde Olaf Ludwig gewählt, z. B. 1988 – dabei gab es in seiner Ära durchaus starke Konkurrenz in vielen Sportarten. Dass er als Olympiasieger Chancen hatte, sich nach den politischen Veränderungen auch im westlichen Profirennsport durchzusetzen, war zu erwarten, aber nicht selbstverständlich: Der Geraer gewann insgesamt drei Etappen der Tour de France und 1990 das „Grüne Trikot" bei dieser Rundfahrt. Im Jahr 1992 wurde er Gesamtsieger im Rad-Weltcup. Sein letztes Rennen fuhr er aber wieder „zu Hause", in Gera. Im Jahr 1996 verfolgten begeisterte 20.000 Zuschauer die Zieleinfahrt im „Stadion der Freundschaft" – es gewann ihr Geraer Lokalmatador Olaf Ludwig.

Auch die Bedürfnisse des Volkes werden weiter bedacht

Für die alltäglichen körperlichen Fitnessbedürfnisse und Regenerationsbemühungen, für Jung und Alt, wurde im Rahmen des zentralen Modells neuen Wohnens im Berliner Thälmann-Park ein Typenprojekt entwickelt, das auch den dringend benötigten und geforderten Sportanlagen in kleineren Thüringer Städten als Vorlage diente. So sollte das „Typenprojekt Berlin" auch in Apolda und Gotha die Schwimm- und Badebedürfnisse des Normalbürgers abdecken. Der vom VEB Rationalisierung und Projektierung Berlin entwickelte Standardtyp bot auch die Möglichkeit lokaler Anpassungsprojekte, selbstverständlich (wie im Wohnungsbau) mit der Option der Vorfabrikation von Betonelementen im realisierenden Bezirk.

In Gotha wurde die im Unterschied zu früheren DDR-Bauperioden gänzlich schmucklose, eckig-kantige Schwimmhalle 1985/86 auf eine Wiese gesetzt. Der Zweckbau wirkt perfekt rationell und geschlossen, obgleich das Gebäude aus zwei Teilen zusammengefügt wurde: aus dem eigentlichen Hallenbaukörper (mit einem 25-m-Schwimmbecken) sowie einem flachen Gebäudegürtel mit Sauna und organisatorischen Funktionen.

Ehem. Volksschwimmhalle Gotha, jetzt Stadt-Bad Gotha • Bohnstedtstraße 6 • 99867 Gotha • Tel.: 03621/229530 • www.stadt-bad-gotha.de

Harte Landung vom Kosmos auf das Erfurter Pflaster

Mit dem ambitionierten Namen „Kosmos" schoss der höchste Plattenbau in den Himmel der Bezirksstadt und kratzte an den Thüringer Wolken. Aber alle DDR-Hochbauten sollten mehr an die Weltraumflüge der sowjetischen Freunde gemahnen als an den amerikanischen Traum vom Bauen. Daher steht der Höhepunkt des Bebauungsgebietes am Ostrand der Erfurter City auch noch heute am „Juri-Gagarin-Ring" (benannt nach dem ersten Kosmonauten der Welt); heute heißt das Hotel schlicht „Ostring". Zur Bauzeit 1980 krönte es die ehrgeizigen Pläne der Erfurter Stadtväter (und SED-Funktionäre des Bezirkes) zur Realisierung einer ganz neuen, *sozialistischen* Stadtgestalt; dazu sollte das Alte in der Innenstadt dem Neuen radikal weichen. Dass man für die Besucher aus Ost und West nicht nur ein großes Hotel brauchte, sondern auch die einheimischen architektonischen Schätze mit hohem Aufwand rekonstruieren bzw. sanieren musste, erschien zweitrangig.

Mit dem zwanziggeschossigen Hotelneubau schufen die Architekten Burkhart Ihlenfeldt, Christoph Roth und Siegfried Jaeck aber einen „Hingucker". In typischer DDR-„Groß"-

Das Bettenhochhaus des ehemaligen Interhotels „Kosmos" in Erfurt

Architektur wurde der Hochkörper mit Kern als Stahlbetongleitbau errichtet; er war ausgelegt auf 600 Betten und sollte in gastronomischen Einrichtungen ca. 500 Gästen Platz bieten. Auch dass nach längerer Fahrstuhlfahrt ein Café im Dachgeschoss zur Aussicht auf die in Arbeit befindlichen reizvollen Juwelen und Perlen der Erfurter Altstadt einlud, gehörte Anfang der achtziger Jahre zum gehobenen Standard. Aber spätestens seit Mitte der 1980er Jahre war auch den größten Optimisten bei einem nüchternen Blick auf den Zustand der realsozialistischen Gesellschaft klar, dass zur nachhaltigen Rettung der Erfurter Altstadt neue Verhältnisse sowohl in der Wirtschaft als auch in der Politik aufgebaut werden mussten.

Ehem. Interhotel „Kosmos", jetzt „Radisson Blu Hotel Erfurt" • Juri-Gagarin-Ring 127 • 99084 Erfurt

DDR-TYPISCHE ABKÜRZUNGEN

ASK	Armeesportklub
AWG	Arbeiterwohngesellschaft
BSG, SG	Betriebs-, Sportgemeinschaft
BV	Bezirksverwaltung (des MfS)
DFV	Deutscher Fußballverband
DHfK	Deutsche Hochschule für Körperkultur
DSV	Deutscher Schriftstellerverband
DTSB	Deutscher Turn- und Sportbund
EOS	Erweiterte Oberschule
FDGB	Freier Deutscher Gewerkschaftsbund
IfL	Institut für Lehrerbildung
IM	Inoffizieller Mitarbeiter (des MfS)
KIM	Kombinat Industrielle Mast
KJS	Kinder- und Jugendsportschule
KKH	Kreiskulturhaus
LDPD	Liberal-demokratische Partei Deutschlands
LPG	Landwirtschaftliche Produktionsgenossenschaft
MAS, MTS	Maschinenausleihstation, Maschinen-Traktoren-Station
MfS	Ministerium für Staatssicherheit
NAW	Nationales Aufbauwerk
NVA	Nationale Volksarmee
POS	Polytechnische Oberschule
SED	Sozialistische Einheitspartei Deutschlands
SG	Sportgemeinschaft
VBK	Verband Bildender Künstler
VdgB	Vereinigung der gegenseitigen Bauernhilfe
VEB	Volkseigener Betrieb
VVN	Vereinigung der Verfolgten des Naziregimes
VVO	Vaterländischer Verdienstorden
WBK	Wohnungsbaukombinat
WBR	Wohnbaureihe

REGISTER

Personen

LITERATURNACHWEIS

Architekturführer DDR. Bezirk Erfurt, Berlin 1979.

Architekturführer DDR. Bezirk Gera, Berlin 1981.

Architekturführer DDR. Bezirk Suhl, Berlin 1989.

architekturführer thüringen 2. Vom Bauhaus bis heute, Weimar 2006.

Barth, Bernd-Rainer; Links, Christoph; Müller-Enbergs, Helmut; Wielgohs, Jan (Hrsg.): Wer war Wer in der DDR. Ein biographisches Handbuch, 3., akt. Ausgabe, Frankfurt a. M. 1995.

Müller-Enbergs, Helmut [u. a.] (Hrsg.): Wer war Wer in der DDR? Ein Lexikon ostdeutscher Biographien, 5. Aktualisierte und erweiterte Neuausgabe (2 Bände), Berlin 2010.

Brüggemann, Silvia; Fügener, Katrin; Schwarzkopf, Christoph: Architekturführer Erfurt – Weimar – Jena, Weimar 1999.

Dehio, Georg (u. a.): Handbuch der deutschen Kunstdenkmäler, Bd. Thüringen, München 2003.

Eppelmann, Rainer; Möller, Horst; Nooke, Günter; Wilms, Dorothee (Hrsg.): Lexikon des DDR-Sozialismus. Das Staats- und Gesellschaftssystem der Deutschen Demokratischen Republik, Paderborn (u. a.) 1996.

Escherich, Mark; Wieler, Ulrich: Planen und Bauen in Thüringen 1945–1990. Architektur in SBZ und DDR, Erfurt 2002.

Gohl, Dietmar: Deutsche Demokratische Republik. Eine aktuelle Landeskunde, Frankfurt am Main 1986.

Guth, Peter: Wände der Verheißung. Zur Geschichte der architekturbezogenen Kunst in der DDR, Leipzig 1995.

Hartung, Ulrich: Arbeiter- und Bauerntempel. DDR-Kulturhäuser der fünfziger Jahre – ein architekturhistorisches Kompendium, Berlin 1997.

Kappelt, Olaf: Braunbuch DDR. Nazis in der DDR, Berlin 1981.

Lölke, Jörg; Schröder, Willi; Thieß, Manfred: Thüringer Sportgeschichte, Erfurt 1996.

Palutzki, Joachim: Architektur in der DDR, Berlin 2000.

Sommer, Stefan: Das große Lexikon des DDR-Alltags. Von Aktivist und Altstoffsammlung über Dederon, Kaufhalle, Rondo und Subbotnik bis zum Zirkel schreibender Arbeiter, Berlin 2003.

WIKIPEDIA.de

ABBILDUNGS- UND QUELLENNACHWEIS

Abbildungen

akg-images: S. 12, 73, 176

akg-images/ddrbildarchiv.de/Foto: Klaus Morgenstern: S. 126

akg-images/picture-alliance/dpa: S. 71

akg-images/picture-alliance/Foto: Ursula Düren: S. 147

akg-images/euroluftbild.de: S. 203

akg-images/ddrbildarchiv.de/Foto: Willmann: S. 94

Arbeiterwohlfahrt Kreisverband Greiz e. V.: S. 124

Archiv Gedenkstätte Amthordurchgang: S. 91

Bildarchiv Stadtmuseum Saalfeld: S. 101

Peter Ditter: S. 178

Manfred Ender: S. 48

Evangelische Kirche Salza-Niedersalza: S. 131

Grzeschitza, Stadtverwaltung Zeulenroda-Triebes: S. 61

http://de.wikipedia.org: BArch, Bild 183-16383-0001/Gielow/ CC-BY-SA, Foto: Gielow, S. 77; BArch, Bild 183-19000-3828/CC-BY-SA: S. 22; BArch, Bild 183-1982-0312-031/CC-BY-SA, Foto: Ulrich Häßler, S. 212; BArch, Bild 183-1982-0701-039/CC-BY-SA, Foto: Ulrich Häßler, S. 205; BArch, Bild 183-1987-0725-017/ CC-BY-SA, Foto: Wolfgang Thieme, S. 215; BArch, Bild 183-1988-0625-021/CC-BY-SA, Foto: Jürgen Sindermann, S. 208; BArch, Bild 183-1990-1219-010/CC-BY-SA, Foto: Matthias Hiekel, S. 213; BArch, Bild 183-21686-0447/CC-BY-SA, Foto: Hecker; Schaar, Helmut, S. 24; BArch, Bild 183-37342-0004/Schlegel/ CC-BY-SA, Foto: Schlegel, S. 197; BArch, Bild 183-45132-0001/ Blumenthal/CC-BY-SA, Foto: Blumenthal, S. 17; BArch, Bild 183-H0110-0009-001/CC-BY-SA, Foto: Klaus Franke, S. 152; BArch, Bild 183-H0110-0009-001/CC-BY-SA, Foto: Klaus Franke: S. 152; BArch, Bild 183-J0312-0025-001/Junge, Peter Heinz/CC-BY-SA, Foto: Peter Heinz Junge, S. 42; BArch, Bild 183-J0411-0003-001/CC-BY-SA, Foto: Wolfgang Kluge: S. 186; BArch, Bild 183-K1122-0306/CC-BY-SA, Foto: Jürgen Ludwig, S. 110; BArch, Bild 183-N0523-302/Hesse, Rudolf/CC-BY-SA, Foto: Rudolf Hesse, S. 83; BArch, Bild 183-P0105-0016/CC-BY-SA, Foto: Helmut Schaar, S. 200; BArch, Bild 183-Z0415-301/CC-BY-SA, Foto: Helmut Schaar, S. 181 o.; BArch, Bild Y 10-0974-00/CC-BY-SA: S. 84; Foto: Murray Bosinsky: S. 134; Foto: BrThomas: S. 150, 163; Foto: Cresi: S. 35 o.; Foto: Scott-Hendryk Dillan: S. 56; Foto: Evergreen68: S. 30; Foto: Steffi Giebson: S. 171; Foto: Grimba-Photo: S. 190; Foto: Inatron: S. 116; Foto: Eckbert John: S. 106;

Foto: Kaiammon: S. 79; Foto: Kosmo: S. 130; Foto: René Kretzler: S. 31; Foto: Rainer Lippert: S. 211; Foto: Steffen Löwe: S. 169 u.; Foto: Michael Lucan: S. 89; Foto: Magnus Manske: S. 42; Foto: Manuguf: S. 196; Foto: Mazbln: S. 60; Foto: Metilsteiner: S. 28; Foto: Rudolf Eberhard Neuber: S. 98; Foto: Michael Sander: S. 19, 21, 58, 113, 139, 157, 218; Foto: Schelm: S. 159; Foto: Störfix: S. 18, 66, 128; Foto: J. Strauß: S. 122; Foto: Martin Zeise: S. 166; Foto: Zenit: S. 143; Foto: Michael J. Zirbes: S. 50, 144

Kreisarchiv Weimarer Land, S. 189

MDM/Anke Kunze: S. 137

Privat: S. 38, 141

Privatsammlung Klaus Kammel: S. 97

Regelschule Gräfentonna: S. 103, 104, 162

Michael Schimmack: S. 169 o.

Roberto Schuster: S. 181 u.

Eberhard Sittig: S. 183

Stadtarchiv Erfurt: S. 68 (Sign. 6_0_10B1_14_006); S. 70 (Sign. 6_0_17C3_031); S. 85 (Sign. 6_0_5Blumenstraße_011), S. 155 (Sign. 6_0_6B2_087)

Stadtarchiv Gera: S. 29 (Sign. B1 1719, Foto: Hans Wolf), S. 45 (Sign. B22711, Foto: Andreas Vieweg), S. 82 (Sign. B4 1912, Foto: Winfried Mann), S. 90 (Sign. B14372, Foto: Wolfgang Beringschmidt), S. 214 (Sign. B7427)

Stadtarchiv Gotha, Fotosammlung: S. 15 (Sign. 5.1/195-1)

Stadtarchiv Jena: S. 40 (Sign. Abt. I, BF 2, Nr. 328, Foto: Herbert Henschel), S. 75 (Sign., Foto: Hans May), S. 112 (Sign. Abt. 2, BF 5, Nr. 301)

Stadtarchiv Suhl: S. 193 (Sign. 6.0.20.2.-21)

Ramona Stöcker/Thomas Kirchner: S. 120, 133, 173, 185

Thüringer Zoopark Erfurt: S. 192

Ulrich Wieler: S. 32, 35 u., 187, 194

Quellen

Jürgen Fuchs, DIESE ANGST. Aus: ders., Schriftprobe – Gedichte, hg. von Edwin Kratschmer, Weimar 2000, © Lilo Fuchs

Reiner Kunze, erinnerung an greiz. Aus: ders., Gespräch mit der Amsel, © S. Fischer Verlag GmbH, Frankfurt am Main 1984

ZUM AUTOR

Dr. Martin Morgner, geb. 1948 in Stollberg/Erzgeb., studierte Ökonomie in Berlin und Theaterwissenschaften in Leipzig; arbeitete als Puppenspieler, Regisseur und Journalist u.a. in Dessau, Gera und Berlin. Seit 2005 wiss. Mitarbeiter, Lehrauftrag und Promotion im Fach Neuere und neueste Geschichte an der Friedrich-Schiller-Universität Jena. Mehrere Veröffentlichungen zur Zeitgeschichte.

Historische Reiseführer durch die DDR

Martin Jander
Berlin (Ost) 1945–1990
Historische Reiseführer durch die DDR

192 S., Br., 115 × 200 mm, mit s/w- und Farbabb.
ISBN 978-3-95462-445-4
14,95 € [D]

Berlin war jahrzehntelang das Symbol für die deutsche Teilung, vor allem seit dem Mauerbau 1961, der die Stadt endgültig zerriss. Der Ostteil, seit 1949 Hauptstadt der DDR, erfuhr eine völlig andere Entwicklung als sein westliches Pendant.
Martin Jander begleitet den interessierten Besucher zu den Orten, an denen die DDR-Geschichte bis heute erfahrbar ist – vom Mauerrest bis zur Museumsausstellung. Zudem geht er auf wichtige Biografien ein und gibt Tipps für weitere Beschäftigung mit dem Thema. Touristische Hinweise ergänzen den Reiseführer.

www.mitteldeutscherverlag.de